AF345460

TÚ ERES TÚ

CÓMO CONSTRUIR UNA MARCA POLÍTICA PERSONAL

ExLibric

ISAAC M. HERNÁNDEZ ÁLVAREZ

TÚ ERES TÚ

CÓMO CONSTRUIR UNA MARCA POLÍTICA PERSONAL

EXLIBRIC

ANTEQUERA 2020

ISAAC M. HERNÁNDEZ ÁLVAREZ

TÚ ERES TÚ

CÓMO CONSTRUIR UNA MARCA POLÍTICA PERSONAL

DEDICATORIA

A quienes confiaron en mi trabajo y me dieron la oportunidad de escuchar, hablar y mirar a los ojos.

AGRADECIMIENTOS

Quién me iba a decir que escribiría un tercer libro. Solo quienes me conocen bien podían imaginarlo.

Gracias a todas aquellas personas que han provocado que siga escribiendo líneas sobre dos mundos que me apasionan: la comunicación y el marketing.

Gracias a los miles de kilómetros que han sido testigos de mis pensamientos, gracias al tiempo de espera, ese compañero de viaje a lo largo de estas páginas.

Gracias a todas las personas dedicadas a la vida política, que de alguna forma estarán representadas a lo largo de los capítulos de esta obra.

Índice

LA PRESENCIA DE MARCA EN ENCUENTROS CIUDADANOS

SEGUNDA PARTE: LA CONSTRUCCIÓN DE MARCA POLÍTICA PERSONAL

«Estamos hechos de aquello que nos emociona».

INTRODUCCIÓN

YES WE CAN

A aquellos que pretenden derrumbar el mundo, os vamos a vencer. A aquellos que buscan la paz y la seguridad, os vamos a apoyar. Y a aquellos que se preguntan si el faro de Estados Unidos todavía sigue iluminando con fuerza, esta noche hemos demostrado, una vez más, que la fuerza auténtica de nuestra nación procede no del poderío de nuestras armas ni de la magnitud de nuestra riqueza, sino del poder duradero de nuestros ideales: la democracia, la libertad, la oportunidad y la esperanza. Allí está la verdadera genialidad de Estados Unidos: que Estados Unidos puede cambiar. Nuestra unión se puede perfeccionar. Lo que ya hemos logrado nos da esperanza con respecto a lo que podemos y tendremos que lograr mañana. En estas elecciones ha habido muchas "primeras veces" y muchas historias que se contarán durante siglos. Pero una que tengo en mente esta noche trata de una mujer que emitió su papeleta en Atlanta. Ella se parece mucho a otros que guardaron cola para alzar su voz en estas elecciones, salvo por una cosa: Ann Nixon Cooper tiene 106 años. Nació sólo una generación después de la esclavitud, en una época en la que no había automóviles por las carreteras ni aviones por los cielos; cuando alguien como ella no podía votar por dos razones: porque era mujer y por el color de su piel. Y esta noche pienso en todo lo que ella ha visto en Estados Unidos durante su siglo de vida: la desolación y la esperanza, la lucha y el progreso; las ocasiones en que nos dijeron que no podíamos y la gente que se esforzó por continuar adelante con ese credo estadounidense: sí podemos.

En tiempos en los que las voces de las mujeres fueron acalladas y sus esperanzas descartadas, ella sobrevivió para verlas levantarse, expresarse y alargar la mano hacia la papeleta.

Sí podemos.

Cuando había desesperación y una gran depresión asolaba a todo el país, ella vio como la nación superó su propio miedo con el New Deal, con nuevos empleos y con unos nuevos propósitos comunes.

Sí podemos.

Cuando las bombas cayeron sobre nuestro puerto y la tiranía amenazó al mundo, ella estaba allí para ser testigo de como una generación respondió con grandeza, salvando la democracia.

Sí podemos.

Ella estaba allí para los autobuses de Montgomery, las mangueras en Birmingham, un puente en Selma y un predicador de Atlanta que dijo a un pueblo: «Lo superaremos».

Sí podemos.

Un hombre llegó a la luna, un muro cayó en Berlín y un mundo se interconectó a través de nuestra ciencia e imaginación.

Sí podemos.

Y este año, en estas elecciones, ella tocó una pantalla con el dedo y votó, porque después de 106 años en Estados Unidos, habiendo vivido los mejores momentos y las horas más oscuras, ella sabe cómo puede cambiar Estados Unidos.

Sí podemos.

Estados Unidos, hemos avanzado mucho. Hemos visto mucho. Pero queda mucho más por hacer. Así que, esta noche, preguntémonos: si nuestros hijos llegaran a ver el próximo siglo, si mis hijas tuvieran suerte como para vivir tanto tiempo como Ann Nixon Cooper, ¿qué cambio verán?, ¿qué progreso habremos hecho? Esta es nuestra oportunidad de responder a ese llamamiento. Este es nuestro momento. Estos son nuestros tiempos, para dar empleo a nuestro pueblo y abrir las puertas de la oportunidad para nuestros pequeños; para restaurar la prosperidad y fomentar la causa de la paz; para recuperar el sueño americano y reafirmar esa verdad fundamental que, de muchos, somos uno; que mientras respiremos tenemos esperanza. Y cuando nos encontremos con escepticismo y dudas, cuando encontremos a aquellos que nos dicen que no podemos, contestaremos con ese credo eterno que resume el espíritu de un pueblo: Sí podemos.

Gracias. Que Dios os bendiga. Y que Dios bendiga a los Estados Unidos de América.

BARACK OBAMA (Grant Park de Chicago, 5 de noviembre de 2008)

Los más grandes comunicadores a lo largo de la historia lo son, no lo parecen. Barack Obama, al igual que muchos personajes relevantes de la política mundial, han ido forjando y creando su marca personal teniendo en cuenta tres elementos fundamentales para ser popularmente reconocidos: la energía, la autoridad y la felicidad. Predican con su ejemplo.

Cuando me preguntaron del porqué escribir este libro, me vinieron a la mente las tantas y tantas personas con las que he podido trabajar estos años, por cómo han ido poniendo por delante de su vocación política su forma de ser y su naturalidad. Necesitaba transmitir a través de las páginas de *TÚ eres TÚ*, la importancia que tiene en nuestras relaciones humanas la esencia y autenticidad de hombres y mujeres dedicadas a la vida pública. Además, hablar de marca es hablar también de personalidad y ahora soy capaz de hacerlo con mucho más conocimiento y experiencia. Crear una marca política personal que perdure lleva tiempo, clarificación de ideas y asumir con total determinación hasta donde quieres llegar en tu vida social, familiar y política.

En una sociedad tan saturada de malas noticias y con una brutal cantidad de contenidos informativos ciertos o falsos, se hace imprescindible encontrar líderes que sean capaces de destacar con una marca política personal fuerte, confiable y en total sintonía con la ciudadanía. Tal y como dijo Napoleón Bonaparte: «Un líder es un repartidor de esperanza».

Más que buscar un por qué o una justificación para escribir este libro, preferí encontrar un para qué. No siempre tiene que haber una razón previamente impuesta o una reflexión ante cualquier propuesta. Tan solo quiero invitarte a que creas, al igual que yo, que ser una mejor persona es posible, que nuestro entorno más cercano está necesitado de personas que transmitan positividad y que hay proyectos personales que valen mucho la pena. La gente primero te compra a ti, luego aquello que ofreces, no busca verdades, espera reafirmar ideas que ya tiene preconcebidas. Unas ideas que tienen que luchar contra el ejército de las emociones.

No hay nada más valiente en política que ser quien eres, tú eres tú.

PRIMERA PARTE

LA MARCA POLÍTICA

LA MARCA PERSONAL ERES TÚ

«El mundo necesita gente que ame lo que hace».

Bertrand Regader

Crear una marca personal en política y en el nuevo contexto político no es tarea fácil. Hace unos años el simple hecho de tener buenos contactos y una reputación aceptable abría muchas puertas, no solo en el entorno político más cercano, sino en el modelo de sociedad que había, un modelo menos conectado, menos informado y tecnológico. En la actualidad hay demasiada competencia política. La marca política personal es sumamente importante, es la mejor carta de presentación que puedes tener.

Hoy en día para destacar como marca política personal se necesita de una estrategia previamente definida, planificar y visualizar cómo quieres que te vean, eso que llaman el *personal branding*. En los sistemas políticos de las últimas décadas el reconocimiento de marca ha estado dirigido casi en exclusiva a las siglas y marca del partido, de la organización política.

Pero ¿en qué consiste realmente la marca personal en la política? ¿Puede ayudar el *marketing* político a crear marca política? Digamos que es una estrategia que se centra en poner en valor y potenciar las características que puedan hacer de la persona una figura más relevante, más visible, más creíble y, sobre todo, mejor y diferente respecto a su competencia. Crear una marca personal conlleva tener en mente conseguir a medio o largo plazo crear un sello propio, algo que a primera vista sea reconocible, algo genuino y auténtico. La marca tiene que reconocerse siempre, en cualquier situación y circunstancia, de ahí la importancia de diferenciarse ante sus competidores políticos. Recuerda que es una propuesta de valor y para que los electores y ciudadanos se decanten por un candidato u otro tienen que encontrar en la marca política la resolución a sus problemas, la satisfacción de sus necesidades.

Un sello político personal se construye combinando fundamentalmente dos apartados: qué quiero llegar a ser y qué quieren los demás que yo sea. La marca política personal forma parte del poder de atracción y convicción de quien se dedica a la política. Es la huella que dejamos, la que nos identifica, aquello que los demás dicen de nosotros cuando no estamos presentes, aquello que sienten o recuerdan cuando oyen o pronuncian nuestro nombre. Finalmente, es la imagen que los demás recuerdan o tienen de nosotros.

LA PROPUESTA DE VALOR POLÍTICO

Saber gestionar y crear una marca política estable es todo un arte, más en los tiempos que corren, con tanta corriente de opinión y de acceso a *fake news*. El *branding* político es sinónimo de claridad ante la oferta política y de su relación con el producto político. Por lo tanto, la propuesta de valor político que ofrezca tu marca tiene que estar estrechamente ligada a lo que comunicas, a la ideología política que representa, qué beneficios aporta tu marca y en qué te llegas a diferenciar del resto de marcas políticas.

Si tu marca es genuina y exclusiva ante el mercado electoral, más estarán interesados los ciudadanos ante las propuestas y contenidos de la comunicación política que lleves a cabo. Tienes que ser relevante, tienes que entretener con tus contenidos. En todos aquellos medios de comunicación donde interactúes con la ciudadanía debes ser un referente político. Para ello tienes que ofrecer información que de verdad sea útil. La gente lee cada vez menos, cada vez escanea más. Sé creativo y llamativo en todo aquello que quieras transmitir o hacer llegar.

LA IMPORTANCIA DE LA MARCA POLÍTICA

Una marca política tarda tiempo en ser identificable y referente en su hábitat, por lo que la perseverancia y el no tener miedo al fracaso son algunos de los requisitos necesarios para que la marca pueda ir asentándose con el paso del tiempo. Un ejemplo de marca política puede llevar años hasta que llega a ser reconocida. Cuando se menciona a un líder político como Barack Obama a muchos les viene a la cabeza ese «Yes, we can». ¿Cuál es la marca? ¿Es el eslogan? ¿Son indivisibles? El reconocimiento de marca política pasa por estar presente y ser constante con ella.

Esta perseverancia no puede estar ceñida única y exclusivamente al ámbito político. La gente se preocupa y está presente en otros lugares, en otras conversaciones, en otras actividades. Aquí la combinación de la comunicación política *online* y la comunicación política *offline* juega un papel fundamental. El *branding* político tiene que guardar consonancia entre ambos canales. No puede haber fisuras o contradicciones entre lo que se puede encontrar o escuchar en un medio de comunicación digital o en el medio más tradicional.

En más de una ocasión escuché que los temas políticos solo representan un 5 por ciento de la ocupación del cerebro a diario de cualquier persona. Esto viene a decir que el 95 por ciento restante de los temas que afectan a la ciudadanía son otros. Es ahí donde hay que empezar a crecer como marca política, en lo que le interesa al pueblo.

> **Si tu marca es genuina y exclusiva ante el mercado electoral, más estarán interesados los ciudadanos ante las propuestas y contenidos de la comunicación política que lleves a cabo.**

Andy García (actor de cine) comentó una frase que me encantó. Venía a decir sobre la coherencia lo siguiente: «En la vida no puedes decir una cosa y hacer otra; los niños aprenden mucho más viendo que escuchando tus palabras». Una marca personal tiene que mostrar por encima de todo coherencia, honestidad, equilibrio, principios. A la larga es lo que hará que la marca sea reconocida como creíble o sin criterio alguno. La gente necesita confiar y verse reflejada en un líder político que la represente, que tenga empatía, y eso se consigue con la coherencia por bandera. Ante estos cambios tan rápidos en la sociedad actual, ser fresco o natural no es tan fácil. La espontaneidad se confunde con la improvisación y la línea que separa lo público de lo privado ya no se identifica.

NUEVE RAZONES POR LAS QUE TENER UNA MARCA ATRACTIVA

Se conoce como marca política personal a la gestión de la imagen personal como si fuera una marca comercial. Tu producto político eres tú. Entonces ¿cuál es el objetivo político? Ser la primera opción entre varias alternativas políticas.

A estas alturas de la película, todos los que nos dedicamos o vamos a dedicarnos a la vida pública deberíamos ser conscientes de la importancia del *personal branding* en política. Las personas quieren y necesitan relacionarse, venimos diseñados así de fábrica. Ahora más que nunca la justicia social en forma de ciudadanía quiere apreciar cómo se desenvuelven los políticos y políticas que tienen enfrente de ellos. Quieren emocionarse y sentir con las características de su representante, apreciar su sentido del humor, su grado de empatía, su coherencia política y con todo ello ser capaces de ponerle cara, hacerse una opinión y a posteriori ofrecerle o no su confianza.

Una opinión en forma de valores que serán identificados y visibles a su vez, de forma indirecta, a tu imagen política o a la del partido político al que representas. Por todo esto, queda clara la importancia de trabajar aquellos atributos y características que hacen de ti una marca política personal atractiva, deseable, esperanzadora o simplemente evitable. Trabajar tu marca o *personal branding* en el contexto político actual adquiere mayor relevancia si cabe. Ya no solo nos ven en la calle, ahora nos esperan en internet, allí los votantes quieren escucharte y comunicarse contigo. Eso sí, siempre y cuando ofrezcas ese contenido de valor que ellos esperan.

Hay muchas razones por las que trabajar una marca política personal. Es de vital importancia para poder avanzar y acceder al mercado electoral contar con algunas de ellas. Aquí tienes las nueve que considero más destacadas:

1. El autoconocimiento. El proceso de *branding* te ayuda a conocer más de ti mismo, tus limitaciones, tus virtudes, tus defectos, en qué destacas. En él puedes trabajar y buscar soluciones a esas limitaciones, potenciar tus mejores características y mostrar menos tus puntos débiles como marca personal.

2. La visibilidad. Si no estás, no existes. En el mundo *online* (como las redes sociales) hoy por hoy si no tienes presencia eres prácticamente invisible a los posibles «compradores de marca personal», los clientes políticos. Estar por estar tampoco es una buena opción; hay que participar de ellas, dar para recibir, tener los perfiles bien cumplimentados y actualizados, dar muestra de atención y preocupación por quienes te visitan ahí. A partir de aquí, aplicar el principio de la coherencia. Tu imagen en la calle debe ser la misma que en los medios *online*, sin diferencias.

3. Las oportunidades. Tener una marca política personal te reportará más temprano que tarde mayor cantidad de seguidores, más audiencia, más votos.

4. El *networking*. Tu red de contactos profesionales crecerá y, por ende, tus posibilidades de llevar tu marca más lejos también. Son muchos los encuentros en que el mundo empresarial hace este tipo de «quedadas» para hacer negocios, presentar nuevos

avances o productos, estrechar relaciones y cooperación. No olvides que la política en muchas ocasiones participa de ellos.

5. La imagen pública. Tomarás sin darte cuenta el control de aquello que antes pasaba desapercibido o no te preocupaba tanto: tu vestimenta, tu forma de actuar, tu manera de expresarte y cómo comportarte en determinadas situaciones, eventos o escenarios.

6. La autopromoción política. Ahora puedes, con cierta discreción y moderación, publicitar mejor y con más sentido tu marca política personal. Las marcas venden, las marcas políticas personales también.

7. La cercanía. Una marca personal siempre conectará más que una marca empresarial. Puedes hablar de tú a tú y eso es muy diferente, muy real, muy cercano.

8. La accesibilidad. Si los medios de comunicación te identifican mejor, te visualizarán como alguien referente o experto en alguna temática. La política requiere de especialización. ¿Cuál es tu especialidad política como marca personal?

9. La humanización. Una marca política personal es sinónimo de ser humano. La gente prefiere hablar en redes sociales con un perfil personal mucho más que con unas siglas o una marca empresarial.

Cuenta contigo, deja de buscar ahí afuera. Las soluciones están dentro de ti.

UNA MARCA POLÍTICAMENTE INCORRECTA

Cuando intentamos comunicarnos con las audiencias lo políticamente correcto empieza a perder su protagonismo en el argumentario de cualquier partido político, también en las marcas políticas personales. La oferta de mensajes que tenemos en la actualidad y la gran cantidad de medios de comunicación han provocado que haya que ser mucho más conciso y claro para conectar con la ciudadanía, con los clientes políticos.

La ambigüedad es enemiga de la sociedad actual, una sociedad que escanea todo lo que le llega, a la vez que va dedicando muy poco tiempo a descifrar lo que los partidos o líderes políticos quieren transmitir. Si la incorrección política acerca al mismo tiempo que llega a sorprender, empezamos a entender a muchos comunicadores y políticos.

Las ideologías llegan en muchos casos a solaparse. Donde antes había casi un acaparamiento total del voto nacional entre prácticamente dos partidos políticos ahora tenemos un espectro de múltiples opciones para el ciudadano, marcas políticas a la carta. Ya no se venden ideologías, se venden soluciones personalizadas. Y cuando hablamos de personalización hablamos de grupos pequeños donde la micropolítica empieza a ser decisiva. Es ahí, en esa segmentación del mercado electoral, donde impacta la incorrección política, que en muchos casos se enfrenta de lleno con el populismo y la demagogia. No es cuestión de que sea o no políticamente correcto, es cuestión de facilitar la comprensión de lo que se dice y, sobre todo, del cómo se dice. Menos es más, en política y en casi todo lo que nos rodea. Lo políticamente correcto ya no es suficiente.

Las limitaciones en lo políticamente incorrecto, si las tiene que haber, las ponen las urnas cada cierto tiempo. La incorrección política que estamos escuchando y viendo en estos últimos años tiene un lado positivo: ha hecho que todos los agentes relacionados con la política (medios de comunicación, gobiernos, partidos políticos, oposición y líderes de opinión pública) hayan entendido que se debe comunicar mejor y de manera más entendible por el ciudadano.

Me decía un amigo mío, Daniel Eskibel, un reconocido psicólogo y consultor político internacional, en referencia a la opinión pública una frase muy interesante: «No me des lo que te pido porque no era eso». Los medios de comunicación trabajan lo noticiable y diario, sea lo que sea, políticamente correcto e incorrecto. Quizás un poco de sensatez y veracidad ante aquello de lo que se «informa» nos vendría muy bien a todos. Soy consciente de que no son momentos para contrastar todo lo que llega a un periódico o a un canal de televisión, pero hay que respirar. Las personas primero compran personas; luego, cómo estas cuentan las cosas.

> **Las limitaciones en lo políticamente incorrecto, si las tiene que haber, las ponen las urnas cada cierto tiempo.**

Por eso vemos presidentes de países a los que hace unos años era impensable ver al frente de naciones u organizaciones políticas. Casos como Trump, Bolsonaro y otros son un buen ejemplo del manejo de la incorrección política. Ahora bien, me pregunto si tantos millones de personas al dar su confianza a estos líderes mundiales estaban equivocadas. Nadie imaginaba un caso como el de Vladimir Zelenski, que pudiera llegar a la presidencia de Ucrania tras su pasado como comediante o actor. Es por lo que la incorrección política no tiene por qué estar asociada al engaño o al discurso excluyente o negativo. Si quieres conectar con la mayoría de una sociedad tienes que hablar con términos que entienda esa mayoría.

La incorrección política es llamar a las cosas por su nombre. Mejor dicho, utilizar palabras y términos que todos podamos comprender de manera fácil y rápida. No tenemos tiempo y si lo tenemos lo queremos utilizar en otras cosas. De hecho, el mejor ejemplo lo tenemos en el propio uso del término «incorrección política». Dudo de que mucha gente sepa ya su significado.

MARCA POLÍTICA LÍDER

«Un líder es un repartidor de esperanza».

Napoleón Bonaparte

El buen líder es aquel que va detrás de su equipo, empujando a todos hacia delante, no el que va delante tirando de cada uno de ellos.

Las tres grandes dimensiones del liderazgo se apoyan en la fortaleza y solvencia que transmite la marca política, en la confianza que es capaz de generar con su mensaje político y finalmente en la cercanía al ciudadano, siendo capaz de ponerse en su lugar.

El concepto de liderazgo ha ido evolucionando con el paso de los años, al igual que la forma de relacionarse las personas que forman los equipos y las organizaciones políticas. Hasta hace tan solo unos años, en cualquier reunión o evento que se pudiera dar en política, para iniciar conversaciones, propuestas o sugerencias en los grupos de gente en torno a unas siglas o en convenciones de todo tipo, básicamente se esperaba a que aquellas personas con más iniciativa dieran un paso al frente para fomentar la participación o simplemente para marcar directrices. Hoy un simple wasap o un mensaje por una plataforma digital cambian totalmente el paso a las relaciones entre colectivos y, por tanto, entre las personas que interactúan en estas redes de conexión humana, digital o tradicional.

Los líderes políticos nacen con algo que les caracteriza y es común a todos: la iniciativa. El campo de la psicología como ciencia aplicada a la política lleva años analizando la forma de actuar, de pensar y cómo han alcanzado sus éxitos los grandes dirigentes. Cada partido tiene sus propios mecanismos, si bien es cierto que en periodos de elecciones o dependiendo de las diferentes regiones o lugares pueden variar en función de las normas del partido. También podemos encontrar diferencias en el contexto comarcal, regional, nacional e internacional.

No siempre un buen candidato es un gran líder o viceversa. Un buen candidato es aquel que es capaz de sacar y poner en valor sus virtudes y minimizar sus defectos, aquella persona que llega y tiene empatía con el vecino, que sabe delegar tareas en sus compañeros de equipo. Es por ello que la confección de equipos de trabajo para periodos electorales o de campaña política se rodea de los miembros del propio partido y cada vez más de profesionales de otras ramas que puedan ayudar a mejorar la imagen del candidato y, por ende, a tener mayores probabilidades de éxito en unas elecciones municipales, regionales o nacionales.

El consultor político debe ir de la mano de la marca política, guiándola para intentar sacar el máximo partido a las cualidades que puedan ser relevantes y, además, potenciar aquellos apartados del candidato que sean mejores en comparación con sus competidores. De ahí que sea importantísimo conocer y saber cómo es visto el político o la política por la ciudadanía, si la marca política personal es conocida o no, si está presente en el día a día del vecino, en su negocio, en aquellos apartados que puedan mejorar la calidad de vida del electorado, etc.

Una marca política personal conocida tiene muchas más posibilidades de ser elegida que aquella que no ha sido visible durante las campañas y el tiempo anterior a las mismas. Un candidato tiene que estar presente siempre, ya no basta con hacer el esfuerzo de aparecer pocos días antes de la fecha de elecciones. Un candidato tiene que formar parte de la comunidad cada día, estar allí donde estén los votantes, en la calle o en internet. Se hace más que nunca imprescindible por parte de las marcas políticas trabajar y mucho la persuasión, la autocrítica, la capacidad de escucha, el fomentar las actividades de iniciativa de los recursos humanos. Pero, sobre todo, la motivación. Todos los días escuchamos hablar sobre lo importante de estar motivado para poder desempeñar todo lo que hacemos de la mejor manera posible, en política también. Tener motivación política es sinónimo de tener actitud para afrontar con garantías el cumplimiento de objetivos, el buen hacer de las cosas.

> **Una marca política personal conocida tiene muchas más posibilidades de ser elegida que aquella que no ha sido visible durante las campañas y el tiempo anterior a las mismas.**

Pero ¿qué es la motivación? Si me lo permites, intento explicártelo. La motivación no es otra cosa que aquello que nos ayuda a avanzar hacia un objetivo con la intención de mejorar, es el viento de cola que empuja a toda actividad para que pueda culminarse. La motivación es la antesala del movimiento, bien sea físico, mental o emocional. La motivación en la vida política lo es todo. Cuántas veces oímos comentar sobre lo bien que habla aquel candidato o líder político, qué activo está el partido, qué bien lo hace, que si el talento, que si la preparación, cómo se expresa, qué fuerza tiene, etc. Todo eso está bien, sí, pero sin motivación difícilmente se puede llevar a cabo cualquier proyecto político y aquel que llega a trabajarse se hace con un sobreesfuerzo descomunal y muchas veces abocado al fracaso.

EL ARTE DE MOTIVAR AL EQUIPO POLÍTICO

La motivación es un proceso interno, es algo en ocasiones inexplicable y que activa elementos ocultos o que han estado en pausa, sin poder explotar acciones políticas o relacionadas con la actividad de una formación o equipo. La motivación es capaz de sacar lo mejor de las personas, cambia el panorama, como se suele decir, y consigue poner en valor muchas cualidades y capacidades de los integrantes de una asociación o partido político. En cualquier caso, hay muchos elementos y condicionantes externos que pueden influir sobre la misma. Algunos de estos factores son:

Falta de objetivos políticos, no saber a dónde vamos.

- Falta de liderazgo o de personas capaces de impulsar el proyecto político.

- Inexistencia de remuneración tanto económica como de otra índole. No todo es el dinero en política, hay más.

- Falta de comunicación interna y externa.

- Ausencia de reconocimiento a los integrantes de un partido: un «gracias», un «qué bien lo has hecho», un «felicidades» a tiempo.

- Monotonía en las actividades o acciones que se llevan dentro de una organización política y falta de profesionalización en la política.

- Un compañero aburrido es menos rentable que alguien que está entretenido o haciendo cosas por el partido. Hay que romper la rutina con desafíos innovadores e interesantes. Es importante dejar que los propios integrantes de un partido creen sus propios retos. Deja paso a la creatividad y la innovación.

- Dar por hecho que todo va bien sin preguntar a los compañeros cómo están o simplemente saber en qué están trabajando.

- Dejarse llevar demasiado por lo que está ocurriendo o diciéndose ahí fuera, el famoso «qué dirán».

- Falta de desarrollo profesional, falta de formación y de contar con el *coaching* político.

- Entender que las funciones que se desempeñan en el partido político son sinónimo de ser monótonas.

- No conocer y no hacer partícipes a los integrantes de la formación política de las decisiones o noticias que afecten a la empresa política.

- No existir actividad en cuanto a jornadas, encuentros o reuniones donde temporalmente puedan ponerse en común ideas, logros o hacer partícipes a todos los integrantes del equipo y del proyecto político.

Existen muchos factores más, solo he mencionado algunos de ellos. Por eso, quizás uno de los apartados más importantes a la hora de trabajar la falta de motivación en política sea ser conscientes de si existe dicha falta, si realmente es un problema. Por los años de experiencia ya te anticipo que suele ser el talón de Aquiles en muchas agrupaciones u organizaciones políticas.

LA MARCA POLÍTICA DIGITAL

Con la aparición de las nuevas tecnologías y la frenética comunicación digital que nos golpea a diario se abre una nueva fuente de estudio, la marca política digital. Ya no basta trabajar la marca política personal en los canales de comunicación tradicionales; ahora también hay que hacerlo en el entorno digital de lugares como las redes sociales, foros, blogs u otras plataformas de internet.

La gente interactúa más hoy en un canal digital que en una sala de encuentro vecinal. Hablamos, dirigimos y actuamos detrás de la pantalla de un *smartphone* o una *tablet*. El liderazgo de equipos tiene que adaptarse a un nuevo concepto de relaciones y formas de convivencia, de escritura, y con un aderezo más que importante: el factor tiempo, el «ahora mismo» de la política. No hay espera, no hay tiempo para reflexionar, son tiempos de escaneo. Por lo tanto, se trata de ser mucho más directos, efectivos y estar más atentos a lo que se publica o se dice en los medios *online*. Un «gracias», un «me gusta» o una etiqueta en un *post* en las redes sociales pueden suponer que un compañero se vea reconocido y quienes lo lean o vean lo tengan muy en cuenta. Ahora las marcas políticas personales y digitales, además de trabajar los apartados más conocidos y habituales de la comunicación, se ven obligadas a conocer y tener nociones de comunicación digital y el uso de herramientas tecnológicas, no solo el manejo de redes sociales.

> **El liderazgo de equipos tiene que adaptarse a un nuevo concepto de relaciones y formas de convivencia, de escritura y con un aderezo más que importante, el factor tiempo, el ahora mismo de la política.**

Hablamos de un inventario de recursos para la comunicación 2.0 como aplicaciones digitales para trabajo en equipo, agendas electrónicas, herramientas para el *email marketing*, uso de plataformas de *podcasting*, la nube digital para compartir archivos y muchos más.

EL RETO CONSTANTE DE LA MOTIVACIÓN POLÍTICA

El hecho de querer ser una marca política líder no nos convierte, evidentemente, en esa figura. En política menos aún. Motivar puede llegar a ser agotador cuando se hace desde una posición de altura, tirando de una cuerda. De ahí la importancia de propiciar el surgimiento de ideas, de contar con el valor que las personas dan a sus iniciativas. Muchas veces grandes ideas se quedan en el olvido por el simple hecho de que al líder no le gustaron o por la falta de comunicación a la hora de plantear la iniciativa. Liderar es permitir, liderar es escuchar, liderar es cooperar.

En muchas ocasiones te encuentras con una profunda insatisfacción con lo que se está haciendo dentro del partido político y que afecta muy negativamente al rendimiento de hombres y mujeres que pueden colaborar y trabajar, muchas veces de manera altruista y desinteresada. También te puedes encontrar con un mal clima político (o lo que es lo mismo, lo que se respira y se huele dentro del equipo, lo que se siente, lo que llega a la gente que está dentro de la organización), en la mayoría de los casos por una necesidad de comunicación demoledora, por haber creado unas expectativas demasiado esperanzadoras e irreales o por no haber usado un «no puede ser» a tiempo.

El aparecer como número uno en una lista de candidatura no necesariamente convierte a una persona en líder. Es más, en ocasiones confunde y hace que germine la semilla del narcisismo y se pierda la naturalidad y la perspectiva de a dónde voy y de dónde vengo. Muchas veces aparece el síndrome de Boreout, un síndrome que se caracteriza por una serie de alteraciones psicológicas producidas en el ser humano y que es capaz de hacer ver y fingir que se está haciendo algo, cuando en realidad es todo lo contrario. Seguro que en tu formación política tienes algún compañero así, el que está siempre demasiado ocupado y que no tiene tiempo para más nada, al que le faltan horas. Todo parte del aburrimiento, de la inexistencia de retos políticos y de la carencia de interés por el proyecto actual.

Llegados a este punto se hace imprescindible contar con personas decididas y capaces de asumir el liderazgo político: un líder fuerte, sin fisuras, el capitán de barco que guíe a toda la tripulación hasta buen puerto, gente capacitada para revertir situaciones cuando la gente no está motivada. La ausencia de motivación también produce malestar, enfrentamiento, crispación, incluso desolación en los partidos políticos.

Una buena marca política personal con iniciativa va mucho más allá de la dirección de proyectos políticos, de dar órdenes. En el liderazgo en política hace falta contar con un gran componente humano, con un grado alto de empatía y no descuidar jamás el lado personal de las relaciones humanas. Las personas antes de ser figuras políticas son personas, fueron personas y seguirán siendo personas. Tarde o temprano, si una persona no está contenta dentro de un equipo acabará por marcharse del partido político, desmantelando poco a poco la capacidad y fuerza del mismo. Todos tienen algo que aportar; la cuestión está en identificar esa cualidad que mejor se puede aprovechar. Y todos no valemos para todo.

El liderazgo es una cuestión también de actitud. El líder *coach* tiene un largo camino aún por recorrer. Venimos de muchas décadas de un concepto de liderazgo centrado en la figura unipersonal y de la toma de decisiones al estilo César. Ya no es así. Se trata de aunar muchas marcas políticas personales en un mismo proyecto, exponiendo lo mejor de cada una de ellas ante la opinión pública. La psicología en política debe tener un protagonismo transversal tanto en la comunicación externa como en la interna de los partidos políticos, tanto para trabajar todo lo concerniente a los electores y a los hábitos de vida de las poblaciones como para formar nexos en todas las relaciones personales dentro de las formaciones políticas.

LA PERSONALIDAD DE LA MARCA POLÍTICA

Candidato no es sinónimo de líder, líder no es sinónimo de poder. Si algo caracteriza a quienes lideran proyectos es la toma de decisiones que, equivocadas o no, van dando forma al proyecto político y marcando hacia dónde se dirige, en qué lugares se hacen pausas o descansos y, además, cómo se marcan las diferentes estrategias de la comunicación política. Las buenas marcas políticas necesitan su tiempo de maduración y tardan en afianzarse.

Hay que tener mucha personalidad para poder mediar en las múltiples ocasiones en que las ideas y las opiniones hacen acto de presencia en las relaciones personales de los partidos políticos. Si a esto le sumas la aparición del tan conocido ego, más necesario se hace el decidir, sin más. Siempre se dice que hay que felicitar en grupo y corregir en privado. En la era de la política digital esta bifurcación se hace una utopía. Un tuit mal interpretado, un mensaje reenviado por error o simplemente un emoticono pueden confundir al receptor del mensaje. Más que nunca hacen falta la cercanía y el tú a tú entre la marca política y la otra persona, el contacto personal.

El liderazgo es una cuestión también de actitud.

El buen líder tiene que llevar como bandera de su personalidad la coherencia de sus actos, ser capaz de reconocer sus errores, pedir perdón si fuera necesario y, por último, ser capaz de sacar lo mejor de sus compañeros y colaboradores, recompensando cuando fuera necesario sus acciones y todo aquello susceptible de ser puesto en valor. Las gratificaciones económicas tienen un recorrido muy corto, duran lo que duran, son fuegos artificiales. Todo aquello que produce malestar siempre está presente y para evitar esa situación incómoda hay que revertir la situación con otras acciones que para nada contemplan la aportación económica.

Pasamos mucho tiempo de nuestro día a día hablando y conviviendo con política en la calle, en nuestro puesto de trabajo, en la sede del partido, seguramente más que en nuestro propio entorno privado o en nuestro propio hogar. Más razón para darle un giro a la convivencia social. ¿Por qué las sedes de los partidos políticos son tan aburridas? ¿Por qué no se dinamizan esos espacios con otras actividades que no sean meramente políticas? ¿No se podría utilizar el local del partido político para fomentar encuentros vecinales o con otros fines? Por ello, antes de pensar en cómo ganar las elecciones o gobernar, es responsabilidad de la empresa u organización política poner en marcha las iniciativas y actividades necesarias para facilitar un clima de trabajo político sano y agradable. Si no lo hace, es mejor dedicarse a otra cosa.

El ser humano tiende a formar parte de grupos, de pandillas, tiene predisposición ante el asociacionismo. Un equipo motivado contagia; un equipo desmotivado separa a sus componentes, los aísla y acaba por romper su unidad. Algunas de las prácticas más frecuentes y habituales para aumentar la satisfacción y motivación de las personas que están en un partido político pueden ser promover actividades fuera del ámbito político, asistir a una excursión, un viaje, una fiesta o una comida. Además, tenemos que apostar por encontrar claves para mejorar la comunicación política a todos los niveles y en todas las direcciones. Sin motivación no hay nada; todo queda en intentos, opiniones, crítica y, en el mejor de los casos, presencia al estilo jarrón.

COMUNICACIÓN DE MARCA POLÍTICA EN TIEMPOS DE CRISIS

Lo más importante al conducir la comunicación de marca política en una crisis es, sin lugar a dudas, dar la garantía de control de todo aquello que se comunica, absolutamente todo. Es vital dar información veraz y contrastada ante la ciudadanía y sobre todo transmitir mucha confianza a todos los agentes sociales y empresariales. Recuerda aquellas tres dimensiones del liderazgo: fortaleza, confianza y cercanía.

Cuando hay que afrontar una crisis o alguna otra situación adversa, el instinto político natural es cerrar filas durante un tiempo o al menos hasta que se puede, reaccionar con furia para intentar atajar el daño y en muchos casos aparentar normalidad o sensación de ser conscientes de lo que está ocurriendo. No siempre es así; incluso vemos como el silencio en muchos escenarios es más ruidoso que nunca. En momentos de grandes crisis la ciudadanía quiere decisiones a la altura de las circunstancias, saber el cómo, el cuándo, el dónde y también el quién. El silencio, en estos casos, es probablemente la peor herramienta de comunicación para utilizar, ya que suele confundirse con una falta de respuestas y de transparencia. El silencio tiene otros lugares donde se encuentra más cómodo, más útil y con mayor campo de maniobra. La comunicación nunca se detiene, nunca tiene pausa. Es por lo que, aun cerrando canales de comunicación de un gobierno, de los medios de comunicación con más recorrido, incluso aquellos de carácter más tradicional, no se puede frenar lo que un ciudadano quiere opinar o transmitir. Si a eso le sumamos lo accesibles que son internet y las redes sociales hoy en día, te darás cuenta de que es simplemente imposible. Es más, ante crisis de comunicación política, cuando no se transmiten mensajes o estos tardan en comunicarse la comunicación llega a aumentar por esa sensación de rumor, de vacío, de no saber qué se puede estar discerniendo sobre la situación en cuestión. Es ahí donde está uno de los caldos de cultivo de las *fake news*. Cuanto antes se dé respuesta firme, con argumentos y con información fiable y creíble, mejor.

> **Ante las crisis dar respuesta sí, reaccionar no.**

No es lo mismo. En el primero de los casos se contempla estudiar y de manera reflexiva comunicar y actuar ante el problema. En el segundo ejemplo, que es normalmente el más frecuente, lo más probable es que la reacción esté rodeada de insinuaciones, opiniones de terceros, falta de criterio y confusión.

La reputación de una marca o empresa política es crucial para sobrevivir en un mercado electoral tan competitivo como el de ahora.

El plan de comunicación de crisis es sinónimo de prevención, ayuda a que las marcas políticas y sus integrantes puedan blindarse y estar preparados ante los diferentes tipos de eventualidades que puedan surgir. Cuando la comunicación política se alía con la rumorología, el tuit compartido sin contemplación, el «a mí me dijeron», el «yo lo vi por ahí» y el «ellos también lo hicieron», la confianza desaparece. Ahora solo queda sentarse a esperar las consecuencias a medio y largo plazo que tendrán los líderes y responsables en política.

En comunicación política, empresarial, social, familiar, sea de la índole que sea, lo más eficaz siempre es comunicar las cuestiones y apartados que rodean al hecho de manera rápida, consistente, sin tecnicismos y de forma lo más clara posible. Luego vendrá si el argumento es creíble o no, pero para esto está el verdugo de la coherencia y de la credibilidad ante la imagen que lo represente. En los planes de comunicación política se deben tener en cuenta este tipo de circunstancias. Las crisis pueden ser provocadas por un sinfín de motivos; para cada uno de ellos es difícil personalizar la respuesta, pero sí que en los grandes capítulos y formas de actuar se puede definir la metodología que aplicar en muchos de los casos. Al menos evitar grandes equivocaciones que luego no tienen remedio.

CLAVES PARA LA COMUNICACIÓN DE CRISIS

Mantener el control es fundamental en momentos y estados de crisis. Aquello que no se controla se pierde, se transforma y pasa a formar parte de la opinión descontrolada e injusta en la gran mayoría de casos. Una mala publicación, un mal titular, una palabra mal dicha, una fotografía a destiempo, un comentario fuera de lugar o un mensaje de WhatsApp mal enviado pueden costar el gobierno a un dirigente o a una formación política.

Hay algunas claves para tener en cuenta ante las comunicaciones de crisis, seis factores que ayudan a definir qué hacer ante noticias desagradables, momentos complicados o situaciones que pueden no haber sido provocadas por nuestra marca política. Seguramente existan más apartados que detallen los aspectos más relevantes que las marcas políticas deben transmitir durante sus comparecencias públicas y privadas, en sus publicaciones o notas de prensa, en todo aquel canal de comunicación donde su marca política esté interactuando con la ciudadanía y sus clientes políticos.

1. La competencia es uno de ellos. Si no sabes, no contestes. Si no es tu responsabilidad, evita responder. Si no controlas lo que se está produciendo, deja que los expertos y los responsables relacionados con el suceso comuniquen. Es muy normal que en los momentos más inmediatos a la aparición de una crisis y antes de tener respuestas y el conocimiento de lo que sucede, los medios de comunicación busquen cualquier puerta abierta para informarse. La mejor comunicación política pasa por dominar todos los imprevistos del día a día. También es fácil ver como un gobernante o representante político cae en el error de dar respuesta, incluso de posicionarse ante un hecho sin conocerlo del todo bien. Además, la falta de seguridad en lo que se comunica es traicionera, imprudente y se paga con creces.

Lo que se cuece internamente en los gobiernos públicos se desconoce en su detalle. Por eso es primordial comunicar bien internamente y dejar marcadas las líneas de actuación que no se deben sobrepasar bajo ningún concepto. Eres lo que comunicas. Si comunicas desconfianza, ¿qué eres?

2. Hablamos también de credibilidad. Cuando existe aparición pública, cuando se redacta un párrafo o cuando se mira a una cámara de televisión lo primero que percibe el público es si la persona es de fiar, si es creíble. Por lo tanto, piensa bien como marca política personal qué vas a comunicar en los primeros momentos de una crisis, pues son vitales. Cualquier cosa que recorte tu credibilidad amenaza tu imagen pública para el resto de la crisis y, posiblemente, para siempre. Para ganar credibilidad es preferible en algunos casos ceder y no aferrarse a defender lo indefendible, confundir y dar muestras de haber perdido el control del argumento o relato.

La confianza, si se pierde, es uno de los elementos más difíciles de recuperar en la vida, en muchos casos irrecuperable. Ya lo decía Friedrich Nietzsche, un filósofo y músico alemán: «No me molesta que me hayas mentido, me molesta que a partir de ahora no pueda creerte».

3. El compromiso. Siempre he mantenido la opinión de que para hacer política hay que combinar dos elementos: actitud y estados de ánimo. Para afrontar una crisis sanitaria como la del coronavirus, la que estamos padeciendo a nivel mundial y en el campo de minas de la comunicación, se necesita compromiso. El compromiso demostrable de que se quiere resolver el problema, el compromiso de querer hacer todo aquello que esté en nuestras manos para solucionar cuanto antes la crisis que nos atañe. El compromiso se evidencia claramente en la comunicación no verbal. Una lágrima, un gesto de dolor, una mano fuerte son en el terreno de la comunicación claro reflejo de sinceridad. Compromiso es querer conectar, es tener empatía. Compromiso es ponerte, más que en el yo, en el tú.

4. Necesitamos conectar. El objetivo final de la comunicación es conectar, buscar la atención y la aceptación del amigo, del vecino, del cliente, del familiar. Cuando se busca la conexión en tiempos de crisis solemos olvidarnos de que no hay verdades absolutas, de que todo es debatible y opinable. Por eso, conseguir conectar con la mente de la otra persona es la gran asignatura pendiente de la comunicación política.

No digas las cosas, cuéntalas. Seguro que así compartirás mejor tu mensaje, tu historia, tu problema y, lo más importante, podrás hacer partícipe a la otra parte, a la que decide si sigue escuchándote, mirándote o leyendo tu argumento. Si no conectas pasas a formar parte del eco.

5. La cortesía. Sé una persona siempre educada y evita la crispación. En momentos complejos como son las crisis es fácil encontrarte con un mundo lleno de insultos, mentiras, provocaciones y muchas más situaciones desagradables. Las redes sociales nos confunden y todo lo que se escribe hoy puede que lo utilicen en tu contra más adelante. Ser educado y ser cortés no está reñido con mantenerse fiel al argumento político o junto al ideal que se representa. No se puede agradar a todo el mundo, es mejor asumirlo.

6. Por último, la capacidad. La ciudadanía tiene que ver y sentir seguridad ante quien comunica. Ser competente es mucho más que una simple palabra. La comunicación paraverbal es fundamental en este sentido. Más que lo que se dice, el cómo se dice, cómo se transmite, cómo es capaz de llegar y calar un mensaje en el receptor de este. A todos nos gusta dar noticias positivas, leer buenos comentarios sobre nuestra marca o producto, nos encanta ver cómo la gente reacciona positivamente

ante una noticia que acaba de publicarse. Nos agrada ser mensajeros de lo bueno, formar parte de una corriente de buenos comentarios y que nos comprendan en todo momento. Esta es una de las grandezas de la comunicación, la necesidad imperiosa de ser entendidos.

COMUNICACIÓN EN TIEMPOS DE PANDEMIA

Para comunicar en tiempos de crisis, muchas de las grandes empresas y marcas políticas en el mundo han apelado en estos últimos meses a las emociones, a los sentimientos y a la empatía. Acciones con un grado de dificultad a la hora de llevarlas a cabo, teniendo en cuenta el confinamiento y el momento que viven muchos profesionales de la comunicación.

Al principio muchos de aquellos mensajes emocionaban y sorprendían. Ya no. Ser original, auténtico y genuino en política es casi una utopía. Y es que ante tan numerosa avalancha de mensajes en los medios de comunicación, las redes sociales, WhatsApp y otros canales, el ciudadano se siente indiferente. Emocionar es sinónimo de impresionar, impresionar es sinónimo de estremecer, estremecer es sinónimo de conectar, conectar es sinónimo de empatizar.

Aun con tanta dificultad, hemos tenido tiempo para reflexionar, pero ¿hemos pensado qué estamos haciendo realmente desde los partidos políticos o quienes estamos más estrechamente relacionados con la política? Francamente, creo que no. La saturación de mensajes en la línea del «este virus lo paramos todos», «juntos venceremos», «volveremos a sentir», «todos unidos ante la COVID-19», «la nueva normalidad», «es hora de arrimar el hombro», más que incentivar lo que hacen actualmente es hacer desconfiar a la gente. Para los primeros días del tan odiado confinamiento están bien, pero a estas alturas la ciudadanía espera otra línea de mensajes mucho más esperanzadores y con palabras mucho más directas y concretas.

> **Emocionar es sinónimo de impresionar, impresionar es sinónimo de estremecer, estremecer es sinónimo de conectar, conectar es sinónimo de empatizar.**

En comunicación política repetir un mensaje varias veces en un contexto, artículo escrito, publicación u otra aparición de un líder o marca política está bien; de hecho, es una de las técnicas más utilizadas para que los discursos calen y queden en el recuerdo de la sociedad. El problema aquí es que la repetición continua de un mismo mensaje tan similar a los otros y durante tanto tiempo pierde eficacia. Los mensajes en política tienen que ir evolucionando con el paso de los días. La situación que vivía el mundo en el mes de marzo de 2020 para nada es igual a la de estos días; por lo tanto, el mensaje tampoco.

A todo esto, este tipo de secuencia repetida de palabras ha pasado de reflejar que todo está bien, todos en casa, que los trabajos volverán, a una realidad que para nada es así. Es por lo que los líderes y los partidos políticos tienen que abrir ventanas y dejar entrar aire fresco al ambiente actual de los equipos de comunicación, estén ejerciendo labores de gobierno o desde el frente de la oposición política. Falta empatía con los problemas reales de mucha gente, con una incertidumbre que cada día que pasa crece, con lo que se vive en la calle realmente al salir de casa.

COMUNICACIÓN Y TELETRABAJO

Es cierto que el teletrabajo ha permitido que al menos un porcentaje del día a día se siga realizando, pero está claro que no es suficiente. ¿Qué pretenden conseguir mostrando todos los días reuniones políticas en las tan conocidas ya capturas de pantalla de los representantes públicos, unidas a mensajes de «seguimos teletrabajando»? La gente ya sabe que estás en casa conectado a una pantalla tras el Skype, Zoom o Google Meet. Más que aportar esperanza, lo que se está provocando es indiferencia, incluso rechazo.

Imagina por un momento a una pequeña familia que ha perdido su trabajo, donde varios niños no paran de llorar, el vecino toca un instrumento desafinado y no pueden salir a la calle. Mientras, al entrar en un momento en Facebook o Instagram ven una reunión de dirigentes públicos entablando una conversación tranquilamente desde su encuentro virtual. No ha cambiado nada, se sigue haciendo lo mismo, pero desde casa. ¿Dónde está el cambio realmente? Está en la percepción que tiene la ciudadanía sobre aquellos partidos o dirigentes políticos que han humanizado y naturalizado sus apariciones públicas.

El mejor acto de comunicación es aquel que se convierte en un hecho. Lo demás son intenciones. Ahora más que nunca hay que comunicar evidencias, no promesas. Trabajar y trabajar por un mensaje empático y verdadero. Es una pandemia y una situación de crisis sanitaria mundial; si la ciudadanía ha cambiado a una nueva vida, las marcas políticas tienen que adaptarse también a este nuevo escenario. Si pedimos a la población compromiso, demos ejemplo, demos soluciones específicas. No hay mejor manera de comunicar que de verdad metiéndonos en los problemas y las necesidades familiares. No hace falta hacer tanto ruido.

Comunicar también es ser solidarios con nuestro mensaje, dejar hablar a la otra parte y escucharla. Un buen ejemplo sería escuchar o ver a un líder político o gobernante público decir qué ha hecho hoy para mejorar la calidad de vida de la sociedad. Luego, lo más importante en que se está trabajando para la próxima semana. No hace falta ir más allá. Objetivos pequeños, cortos, reales y palpables. Vivimos en una sociedad del conocimiento del ahora, del ya. Lo que pasó hace cinco minutos está en el olvido para muchos. La gente ahora ya no compra lavadoras, quiere ropa limpia.

Hay dirigentes que su comunicación la han trabajado con mucha cautela, incluso han dejado de aparecer de manera frecuente para no atosigar y dejar respirar a sus seguidores y personas cercanas. Mención aparte merecen aquellos agentes públicos y privados por los que no ha pasado el tiempo, que no entienden lo que ha ocurrido y no han cambiado absolutamente nada. ¿Que existe una pandemia mundial que ha matado a miles de personas? Yo sigo a lo mío. Atrás quedaron los primeros días, cuando las compras irresponsables pusieron a mucha parte de la población en estado de alarmismo. La comunicación política y empresarial en aquellos momentos estaba superada por otros temas que lanzar a la ciudadanía, era entendible.

No todos los responsables de lo que ocurre a la hora de transmitir un mensaje son los gobernantes y líderes políticos.

Nosotros, como sociedad «civilizada», deberíamos filtrar y pensar un poco más antes de reenviar o difundir una información. No todo vale. Ha pasado ya bastante tiempo desde el inicio del estado de alarma, tiempo más que suficiente para que la comunicación institucional replantee su forma de actuar. Una comunicación que debería más que nunca estar en manos de personas responsables, gente con sentido común. Profesionales que sepan hacer ver a las marcas políticas la necesidad de parar, que no todo deber ser informado, que no hay que aparecer o publicar todo en cualquier medio y en todos a la vez.

Los gobiernos nacionales, de comunidades autónomas, con carácter provincial o municipal han tenido que manejar paralelamente el hacer y el comunicar, tarea harto difícil como para que más que nunca se tenga en cuenta lo imprescindible: elaborar un mensaje certero, sensible, con contenido entendible y apreciable por las personas de cualquier nivel social. Un poco de psicología política vendría muy bien. No es lo que se dice, es cómo se dice. El público busca aferrarse a lo que ve o escucha.

Recientemente leía en algún que otro medio que la radio había recuperado el trono de la confianza ciudadana en cuanto a credibilidad comunicativa. Luego le siguen la televisión, la prensa y, muy alejado, todo lo que se publica en los medios *online*. Saca tus propias conclusiones.

En esta comunicación de gobierno y en la de cualquier institución pública es evidente que se ha pasado por una serie de fases que, en forma de episodios, bien pueden parecerse a una película de ciencia ficción. La primera de ellas, a primeros de año, donde el exceso de confianza y el «aquí no va a llegar» cogió por sorpresa y con la ropa tendida a cualquier país. La OMS pregonaba por activa y por pasiva que teníamos cerca una pandemia sin precedentes. Ningún país hizo caso. Se veían aquellas imágenes de miles de italianos saliendo en estampida de las primeras regiones afectadas, pero una vez más tranquilidad. Solo es en Italia y en China. Luego vino la crisis del papel higiénico y arrasar cualquier supermercado que tuviéramos cerca de casa.

La segunda fase fue cuando llegó marzo. Sí, el mes de marzo. Y es que cambiaron el ritmo y la vida de todo ser viviente en la tierra. ¿Qué comunicamos? Pasamos en tan solo un instante del «tranquilos, todo está controlado, aquí no va a pasar nada» al descontrol, al «tenemos que salvar vidas». Y empezaron las comparecencias de técnicos, expertos en materia sanitaria, dirigentes de las fuerzas de seguridad, gobernantes… Hasta los alcaldes de los municipios más desconocidos dieron un paso al frente, grabándose sus primeros vídeos y apariciones en ruedas de prensa improvisadas. Datos, números, ciudades, casos, más datos, más datos, más datos… Si algo debe tener en cuenta un gabinete de comunicación es saber qué puede entender quien recibe finalmente un mensaje, ya sea hombre, mujer, niño, joven, anciano, español, alemán, rico, pobre, deportista o le gusten los caballos. Si a esta complejidad le añadimos información que en casos no era fiable, el desconcierto llega a ser devastador. El tema de las mascarillas mejor dejarlo para otro artículo o libro. No creo que haya visto nunca un elemento tan motivo de discrepancia entre los partidos políticos. De cerca le siguen los guantes. Comunicar es otra cosa. Comunicar es mucho más serio.

Llegaba la penúltima fase, la «desescalada». Una fase que nos iba a acompañar mucho tiempo. Los científicos dicen que el descubrimiento de una vacuna apaciguará y pondrá un nuevo punto de partida en el modo de vida político, económico y social. De lo que no estoy tan seguro es de si alumbrará una nueva forma de comunicar políticamente. Me siento muy raro al saludar a alguien con el codo y haciendo cola para recoger el pan. La comunicación política no verbal se alimenta de saludos, encuentros, formas de gesticular. Cuando no se dan estas circunstancias se crea un vacío enorme, un caldo de cultivo para el nacimiento de nuevas *fake news*. En el campo de batalla contra la COVID-19 muchos de los errores en la comunicación política han sido fruto de la falta de previsión y de no tener preparados los protocolos de actuación ante situaciones de crisis en la comunicación. Errores que en muchos casos fueron justificables; nadie sabía lo que iba a pasar. También ha habido errores injustificables al dar por supuestas cosas que no eran tan ciertas.

Otro error apreciable lo hemos visto en las intervenciones de muchas marcas políticas y de cualquier color: demasiada retórica. Hay que ser más concisos y claros, muchísimo más. La mente humana marca un tiempo de atención a los ocho segundos y en tan solo tres segundos es capaz de entender y hacer un resumen de lo que ve y escucha. En esos *inputs* tiene que estar el mensaje claro, lo demás es secundario. Hay muchos más como las ruedas de prensa paralelas, las variantes fechas de cuándo llegaban los aviones con el material sanitario, que si mi Estado lo gobierno yo, que si el presidente de una comunidad o región quiere colgarse antes que otro una medalla que no viene a cuento y el tan conocido «y tú más...».

En Latinoamérica y otros países de la UE el panorama no ha sido distinto. A medida que aumentan los afectados por el coronavirus el discurso se pierde en una selva de confrontación. A todo esto, una labor impagable la de los profesionales sanitarios y de otros servicios públicos, que han estado expuestos diariamente a los millones de contagios en el mundo.

Pero también hay que poner en valor los aciertos, las buenas intenciones. No todo es tan negativo. La tan aclamada reinvención es posible. Cuánta política se puede hacer detrás de un ordenador o un *smartphone*, cuántos mensajes se pueden enviar preocupándonos por alguien. Queda mucho por mejorar en comunicación política, tanto que estamos ante una oportunidad única para asumir e interiorizar que lo realmente importante es cómo hacemos sentir a quien recibe una idea o una simple frase.

EL ARGUMENTARIO DE MARCA POLÍTICA

«Lo peor es cuando has terminado un capítulo y la máquina de escribir no aplaude».

Orson Welles

Construir tu propio argumentario es crear tu propio salvavidas de marca política. En la comunicación de marca personal y de partido, una de las herramientas más utilizadas en el mundo de la política es el argumentario político. Es una herramienta de comunicación estratégica que, bien utilizada, puede resultar muy poderosa para los líderes y partidos políticos.

En política se vive el ahora y de vez en cuando se tira de hemeroteca, de ahí que contar con una secuencia de ideas ordenadas bajo el paraguas del mensaje unificado de partido puede ayudar en el día a día de cualquier persona que se dedique o quiera dedicarse a la vida pública.

Son muchas las ocasiones en las que vemos a un portavoz político posicionándose ante un tema en concreto, mientras que otro integrante de las mismas siglas políticas se posiciona de forma totalmente diferente o simplemente tiene otro concepto o idea sobre el tema en cuestión. Y es que el argumentario en política ayuda y ordena, guía y da buena imagen de marca. El principal enemigo del argumentario en política es el cortoplacismo.

La poca previsión y planificación en comunicación política hace que se comunique y se responda a golpe de llamada. Cuando un partido político trabaja y entiende bien la necesidad de armar y contar con un buen argumentario, empieza a ganar terreno en el mercado electoral y confianza de las audiencias que lleguen a recibir algún tipo de mensaje de la marca.

Las grandes marcas políticas cuentan con planes estratégicos de comunicación. Las organizaciones más pequeñas puede que programen algún tipo de hoja de ruta de lo que se quiere transmitir a los posibles votantes. Otros simplemente dan disparos al aire, que rara vez aciertan.

El argumentario en política es la voz, es la coherencia de una marca, es la palabra bien dicha.

Por todo esto es tan importante la argumentación en política, más aún en un contexto político donde cada vez confluyen más formaciones. Un partido que es capaz de hacer calar su argumentario entre todos sus «soldados» es un partido que marca la diferencia, un partido político competitivo.

Los argumentarios y la comunicación política evolucionan y, por ende, la forma en que se estructuran y se redactan también. El argumentario largo y tedioso ha muerto. Ha nacido un nuevo argumentario, el microargumentario político, *inputs* de información resumida fácilmente entendibles y asumibles por el receptor del mensaje. Un conjunto de pequeñas píldoras de comunicación que a su vez aterricen bien en los medios tradicionales y en los medios *online*. Los líderes políticos y personas que actúen en representación de un partido son los principales prescriptores del producto político: qué vender, cuándo hacerlo, a quién enviarlo. Por lo tanto, es de especial relevancia estar al día con lo que la marca política quiere hacer llegar a la sociedad.

¿QUÉ ES UN ARGUMENTARIO POLÍTICO?

- La recopilación resumida y sistemática de mensajes que a tu marca política le interesa difundir.

- El discurso ordenado de ideas que representen los beneficios o ventajas más significativas para que los portavoces políticos puedan asumir y replicar ante sus seguidores y medios de comunicación.

- Una herramienta de comunicación política estratégica.

- Una recopilación de mensajes necesarios para poder afrontar crisis en comunicación.

- Un paracaídas que ayuda a afrontar mejor las circunstancias adversas que ocurren de manera imprevista.

- Una guía para el uso diario. Comunicar es conectar y para conectar muchas veces hace falta repetir el mensaje.

¿QUÉ NO ES UN ARGUMENTARIO EN POLÍTICA?

- Mentir sobre lo que se quiere transmitir.

- Cadena de mensajes únicos para hablar mal de la competencia política.

- Intentar manipular y tergiversar información.

- Textos que no conducen a nada.

- Mensajes ambiguos sin concreción.

- La biblia política del partido. La persona política tiene que hacer suyo el argumentario que la marca quiere transmitir. No todas las personas son iguales, ni las que hablan ni las que escuchan.

- Una cortina de humo para evitar afrontar los temas de actualidad. Por ejemplo, te preguntan por fresas y el argumento de respuesta habla de barcos en altamar. Habla al menos de fruta.

Son tiempos de micropolítica, de micromomentos, de microargumentarios. Contenido de calidad en pequeñas tomas para una sociedad segmentada y fragmentada con intereses, hábitos y necesidades totalmente distintos.

VENTAJAS DEL ARGUMENTARIO EN LA POLÍTICA ACTUAL

Contar actualmente con un argumentario de marca política claro y fácil de interpretar tiene muchas ventajas. No se puede improvisar constantemente; es agotador, contraproducente y das muestra de no estar preparado ante lo que te preguntan o ante lo que tienes que afrontar.

Argumentar es también razonar, pero se reflexiona más rápido y más fácilmente cuando tenemos las ideas claras. Aquí puedes encontrar algunos beneficios o ventajas:

- Como marca política te será más fácil identificar las ideas fuerza que destacar, en campaña política y en campaña permanente.

- También conseguirás un *engagement* con tus seguidores más apreciable con el paso de los años.

- Transmitirás coherencia, el bien más preciado de la política.

- Llegarás más lejos con tu mensaje.

- No tendrás que preocuparte demasiado en qué decir. Céntrate en cómo decirlo.

- Podrás afrontar ataques de tu contrincante político de mejor forma.

- Estarás más tranquilo y preparado en la asistencia a entrevistas, ruedas de prensa u otros escenarios de comunicación.

- Si sé lo que tengo que decir, no tengo por qué improvisar. La improvisación, para los genios.

- Conectarás con otros compañeros que utilicen el mismo argumentario y eso refuerza la marca política.

- Un argumentario es como el índice de un libro y con muy poco desarrollo. Sé práctico.

LOS QUINCE MANDAMIENTOS DEL ARGUMENTARIO DE MARCA POLÍTICA

Me encuentro frecuentemente con argumentarios políticos que se basan única y exclusivamente en los principales titulares de los medios de comunicación. Otros prefieren fabricar el argumentario basándose en lo que ocurrió ayer para luego decirlo mañana. ¿Y qué decir del corta y pega?

Para hacer un buen argumentario en política ten en cuenta estos quince apartados que describo a continuación:

1. Primero hay que hacerse la pregunta: ¿quién va a leer o escuchar mi relato o cadena de mensajes? A partir de ahí lo construimos. Además, tendrás que hacerte más preguntas. Forma parte de la creación de guiones o escaletas para no perder el hilo de lo que se habla.

2. Escucha a todo el equipo político: de qué hablan, cuáles son sus preocupaciones, qué tienen que afrontar en su trabajo diario.

3. Analiza la competencia política: de qué hablan, cuáles son sus mensajes bandera, cómo están argumentando sus ideas. Sé constante y no los pierdas de vista.

4. ¿Qué dicen de ti? Aquí aparece el tópico de «que hablen de ti, aunque sea mal». Bueno, tampoco es que sea tan cierto. Si hablan o comentan algún atributo o apartado de nuestros productos políticos es que causan interés. Plantéate reforzarlos en tu argumentario y en tu discurso. Si se trata de una idea fuerza de tu comunicación política, es una prueba de que esa idea funciona.

5. Si te encuentras que utilizan contenidos de tu argumentario para algo que no te beneficia, pregúntate qué ha podido pasar. Si no era tu intención destacar un supuesto enfoque negativo, analiza bien el porqué. Evita contradecir y echar más leña al fuego, no reavives la llama de algo que no es provechoso para tu marca.

6. Si detectas que tu argumentario o algunos contenidos incluidos en él no interesan a los medios es por varias razones: no interesan tus informaciones, el medio no es afín a tu ideología política o has trabajado mal el argumentario.

7. Recopila información de tu marca política, de tus gestiones y propuestas políticas. Informes de fuentes externas que den credibilidad sobre qué haces, en qué trabajas actualmente.

Abre el campo del ámbito político. Un argumentario puede contener información nacional o de un partido más de ámbito local.

8. Un argumentario es una declaración de intenciones que es flexible y se adapta a los tiempos. Hay que revisarlo y no es estático. Es el libro de consulta obligada para los equipos políticos.

9. El argumentario político puede enmarcarse en un calendario temporal: anual, mensual, trimestral o diario. Por lo tanto, hazte muchas preguntas a la hora de elaborarlo. Así tendrás respuestas rápidas ante diferentes temáticas que puedan utilizar medios de comunicación y los propios integrantes de la organización política.

10. También puede llegar a convertirse en un manual de buenas prácticas de «obligado cumplimiento».

11. Trabaja en la medida que puedas un argumentario positivo, habla de cosas interesantes y buenas para la sociedad. De lo malo que se ocupen otros.

12. Ten presente el soporte en el que vas a trabajar el argumentario. Hoy el mundo es digital.

13. Un argumentario es un decálogo de ideas, una declaración de intenciones donde acudir para saber qué quiere transmitir mi marca política, qué es lo que quiere vender la empresa política. El argumentario diario es un resumen escueto

de trabajo más para hoy y que en ocasiones puede alimentarse del argumentario base.

14. Hay mensajes o ideas que en el argumentario no evolucionan con el paso del tiempo, es normal. Algunas, como las cuestiones ideológicas o de tradición histórica del partido, así lo demuestran. Pero no olvides que todo cambia. La percepción social de las ideas también.

15. Intenta que el argumentario sea solo de uso interno, es decir, es un manual de trabajo para quienes se encuentran debajo de unas siglas o un proyecto político. No es un documento para enviar y hacer visible a cualquier medio o usuario.

Seguramente haya más apartados a la hora de elaborar un argumentario político, aquí solo he plasmado algunos de ellos. Un trabajo de este tipo no tendría sentido si quien lo comunica, la marca política personal, no le pone pasión, coherencia y credibilidad a la hora de transmitirlo. La comunicación política es empujar ideas e intentar empatizar con quienes las puedan recibir. El argumentario es solo una herramienta. Poderosa, sí, pero una herramienta más que utilizar en las estrategias de *marketing* político de partidos que aspiran a mejorar su presencia ante el ciudadano.

MÚSICA Y MARCA POLÍTICA

«La música expresa lo que no puede ser dicho y
aquello sobre lo que es imposible permanecer en silencio».

Víctor Hugo

¿Cuántas veces has escuchado tu canción favorita? Seguramente, más de una vez.

La música llega a provocar reacciones comparables a las que generan estímulos placenteros y necesarios para nuestra supervivencia como especie, tales como la comida o el sexo. Un estudio en la McGill University de Montreal, en Canadá, realizó un experimento sobre este tema en un grupo de voluntarios. Los resultados fueron realmente interesantes. Las personas al escuchar música placentera producían un incremento de dopamina, un neurotransmisor que está presente en diversas áreas del cerebro y que es especialmente importante para la función motora del organismo. En uno de los trabajos los investigadores pidieron a las personas que se prestaron voluntarias al estudio que llevasen al laboratorio música que les produjese miedo o escalofríos, una reacción habitual frente a ciertas melodías.

Sus hallazgos apuntan a que esta reacción corporal, la de sentir escalofríos, se asocia con la activación de la llamada vía mesocorticolímbica, un circuito cerebral que desemboca en el núcleo accumbens (un grupo de neuronas del encéfalo) y que se activa cuando los animales nos encontramos con estímulos asociados a la alimentación y la reproducción. En el experimento, los investigadores comprobaron que cuando las personas escuchaban música más agradable y placentera se producía un incremento del neurotransmisor dopamina también en el núcleo accumbens, lo que indica el valor reforzante de este tipo de estímulos.

La música refuerza el consumo del mensaje político, esa es la realidad. A través de los últimos descubrimientos en *neuromarketing* se ha demostrado que la música es una herramienta capaz de despertar emociones demasiado importantes, de estimular de manera simultánea algunas de las regiones de nuestro cerebro.

El *marketing* político emocional está de enhorabuena. Hay quienes dicen que la música fue anterior a la utilización de las palabras a lo largo de la evolución humana. La música en política no está presente, salvo en aquellas canciones a modo de himno de siglas políticas, poco más.

El comportamiento humano ante la música es sorprendente, de ahí ese refrán de que la música amansa las fieras. ¿Y a las fieras políticas? También, no lo dudes. Es tal el grado de impacto que tienen las canciones, las melodías, las notas y los sonidos que llegamos a recordar música que hemos oído antes de llegar al mundo, cuando nos encontramos en el vientre materno. Muchas de esas conocidas patadas vienen de ahí, de la reacción humana ante lo que llega a nuestros oídos.

La música llega a provocar reacciones comparables a las que generan estímulos placenteros y necesarios para nuestra supervivencia como especie, tales como la comida o el sexo.

EL IMPACTO MUSICAL EN LA COMUNICACIÓN POLÍTICA

En un estudio realizado en la Queen's University of Belfast se dieron cuenta de que los recién nacidos, en sus primeros días de vida, al escuchar las canciones de series de televisión que su madre había visto durante el embarazo se tranquilizaban y se relajaban. La música forma parte de nuestros estados de ánimo desde antes de nacer. ¿Quién no tiene una canción que le alegra el alma, le pone de buen humor o simplemente le lleva al camino de la tristeza? ¿Serías capaz de ver una película sin banda sonora o canciones durante el metraje de esta? ¿A que no?

En el *marketing* de atracción, tener en cuenta la fuerza y la potencia que puede tener un mensaje acompañado de música puede cambiar la percepción de lo que se dice. Ahora quien manda es el cómo se dice. Además, se producen muchas más endorfinas, las hormonas de la alegría, produciendo sensaciones de felicidad y bienestar.

El *audiomarketing* político es una herramienta aún por explotar, más bien por empezar a emparejarlo con los argumentarios políticos de marca y utilizarlo en la publicación de contenidos en los canales de comunicación.

Pero ¿qué música utilizar junto a nuestro mensaje político? Aquí se abre un universo musical enorme: clásica, pop, *jazz*, soul, latina, instrumental… La que te imagines y más. Nuestro corazón regula muy bien también las ondas musicales y la tipología de sonidos que le llegan, de ahí que cuando escuchamos música muy animada tendamos a alterar nuestro ritmo y ante música más lenta procedamos, normalmente, de manera contraria.

APLICACIÓN DIRECTA DE LA MÚSICA EN LA COMUNICACIÓN POLÍTICA

La música, en el campo del *marketing* político, puede utilizarse para conseguir múltiples objetivos: asociar el mensaje a un producto político, una propuesta social, una reivindicación popular, incluso para atacar a la competencia política. Si en el mundo comercial la música lleva años teniendo presencia en las grandes cadenas de compra, hipermercados y centros comerciales, ¿por qué en los escenarios políticos no? La respuesta es sencilla. Se piensa mucho más en lo que ofrecemos que en cautivar y llamar la atención del receptor del mensaje, la ciudadanía.

La música en política puede conseguir cosas que hasta la fecha son impensables; por ejemplo, segmentar el mercado electoral. Un contenido a modo de vídeo con una música moderna y juvenil puede atraer a un votante joven. En cambio, el mismo vídeo con una música más antigua encajará seguramente con un perfil más adulto o mayor. La utilización de canciones con técnicas de *neuromarketing* político puede hacer reflexionar a los clientes políticos y hacerlos viajar en el tiempo. Cualquier canción no vale; tampoco es lo mismo un impacto audiovisual a una hora o en una época del año que si se hiciera lo mismo en otro periodo de tiempo. Los estados de ánimo de los votantes no son los mismos el lunes a primera hora que un viernes a las puertas del fin de semana.

Las tecnologías han abierto un mundo de posibilidades a la aplicación de la música en el *marketing* social, en el *marketing* sensorial y audiovisual. La política tiene que hacerse eco de esta arma tan poderosa cuanto antes. Ahora mismo es un elemento claramente diferenciador; en unos años ya no lo será tanto.

Y es que el oído se está convirtiendo en un factor muy importante a la hora de vender una marca política. Los sonidos musicales conectan de una manera muy subliminal con la ciudadanía. Todo esto nos lleva a pensar que los partidos y los líderes políticos deben tener en cuenta, entre sus estrategias de *marketing* político y electoral, la estrategia política musical. Esto conlleva elegir muy bien qué canción puede acompañar a nuestro elemento de comunicación.

Ocho son, de tiempo promedio, los segundos en que los votantes indecisos deciden su voto en un colegio electoral. Segundos decisivos, asociados a imágenes y emociones que tratan de recordar, buscando respuestas ante tal incertidumbre. Aquí la música juega un papel determinante. Una melodía, un *input*, los *jingles*, un recuerdo de un chasquido… Cualquier elemento musical inclinará la balanza en favor de un candidato u otro. Es así de evidente.

Como ya sabes, la decisión de voto se trabaja en dos niveles del cerebro, el racional y el emocional. Es en esta última ubicación donde la música tiene especial protagonismo, se asocia perfectamente a esta región cerebral. La aplicación de la música de manera más contundente a las campañas políticas y a la presencia de los partidos políticos ante las personas cambiará más pronto que tarde tendencias de voto, sobre todo en aquel votante indeciso, y rebajará los índices de abstención electoral. Algún día veremos bandas sonoras aplicadas a historias políticas, esas canciones que amansan a las fieras. Sí, a las fieras políticas.

LA IMAGEN PERSONAL EN POLÍTICA

«La elegancia es una cuestión de personalidad más que de la ropa».

Jean Paul Gaultier

CLAVES PARA UNA BUENA IMAGEN PERSONAL

Nuestra imagen personal lo es todo. En la política va mucho más allá. Es el lazo de conexión entre la personalidad de una persona y la otra, entre lo que se espera y lo que se ofrece, entre la realidad y la falsedad que puede haber detrás. Y es que en comunicación política una buena presencia ante la opinión pública puede llevarte a lo más alto o, en cambio, bajarte hasta las tinieblas del fracaso. Por eso debemos hacernos la pregunta de si es tan importante esa primera impresión. La respuesta es sí.

El primer concepto que va a crear una persona desconocida va a depender de nuestro aspecto físico y, por tanto, de nuestra manera de vestir. La forma en que nos vestimos habla mucho de nosotros, nuestra vestimenta está constantemente transmitiendo información. De nuestro atuendo se pueden sacar muchas conclusiones, siempre y cuando sea una manera de vestir normalizada y constante. La manera de vestir refleja la personalidad de cada uno de nosotros. Estamos inmersos en una sociedad del prejuicio adquirido, la sociedad del conocimiento y de la respuesta antes que la pregunta, la sociedad del juzgar sin contrastar, la sociedad del morbo y la crítica.

Lo que entra por los ojos es lo primero que llega al elector. Estamos en la época del «poco tiempo para todo» y entender las ideas de un candidato a base de textos, notas de prensa infinitas o publicaciones tediosas en medios *online* y *offline* hace que menos sea más. Y precisamente en esa última afirmación es donde la imagen de marca puede tener mayor relevancia. No debemos confundir la imagen en busca de conectar con el votante con la imagen de querer aparentar lo que no se es.

Hay políticos y políticas que están más pendientes de lo publicado en los medios de comunicación que de cuidar su imagen o de crear contenidos y argumentos de verdad relevantes para el ciudadano. Los medios de comunicación tradicionales ya no tienen el poder de antaño; esto va de causar una buena impresión a la primera. También es cuestión de confianza y se confía más en un amigo o familiar que en lo que finalmente se puede leer en algún medio de comunicación. Demasiada información y averiguar cuál es la creíble o cuál no nos exige demasiado tiempo, un tiempo que no tenemos hoy en día. De ahí la importancia de una buena imagen, esa que vale más que mil palabras.

EL *MARKETING* SENSORIAL

La imagen personal en política es una de las herramientas de trabajo más persuasivas. Cuando se trabaja el *marketing* sensorial se intenta estimular las sensaciones y emociones que tienen los clientes políticos, incentivando la reacción a sus impulsos más humanos y, por consiguiente, de compra de aquello que ofrecemos, decimos o intentamos hacer llegar. La ciudadanía recuerda el 1 por ciento de lo que toca, el 2 por ciento de lo que escucha, el 5 por ciento de lo que ve, el 15 por ciento de lo que prueba y el 35 por ciento de lo que huele. ¿Y la vista?

El sentido de la vista es demasiado contundente en la comunicación política. El sentido de la vista es quien se encarga de impresionar más a la mente de la gente, un sentido que es capaz de hacer comprender mejor lo que se ve y permite recordarlo durante más tiempo. El 83 por ciento de la información que se recibe de una imagen personal se hace por la visión.

En el discurso político, si tu mensaje no es recordado no tienes mensaje, tienes un problema. La ciudadanía nos cataloga a un ritmo trepidante y cambiante por minutos. Hoy estás guapo o guapa, mañana no lo estás tanto. Con solo una visión superficial de un líder o candidato a un gobierno, el pueblo se hace una composición de figura pública acertada o errónea. Dicen que la imagen personal a la hora de vestir más acorde a una persona es aquella con la que nos gustaría ser recordados el día que dejáramos de existir. Me parece una muy buena apreciación.

> **La ciudadanía recuerda el 1 % de lo que toca, el 2 % de lo que escucha, el 5 % de lo que ve, el 15 % de lo que prueba y el 35 % de lo que huele.**

¿Qué dice tu forma de vestir de ti? Mucho. Lo dice casi todo. Hace unos años un estudio elaborado por la Universidad de Columbia y la de California, llamado «Las consecuencias cognitivas de la vestimenta formal», demostraba y decía que al vestir de traje la gente mejoraba sus aptitudes mentales y físicas e incrementaba su pensamiento abstracto, el cual es importante para la creatividad y el pensamiento estratégico. Este estudio, entre otras cosas, venía a hacer evidente que la forma de vestir tiene que ver mucho con la autoestima y que la ropa es capaz de transformar nuestros estados mentales a la hora de afrontar un acto de comunicación, un discurso, una reunión u otro evento.

¿Entrarías a un edificio sucio y que se está derrumbando, con las ventanas viejas y la puerta de acceso rota? Seguro que no, a no ser que no te quedara otra elección.

La fachada es lo primero que se aprecia. En la imagen personal ocurre lo mismo.

LA CONSTRUCCIÓN DE LA IMAGEN EN POLÍTICA

La rapidez con la que la sociedad nos cataloga es abrumadora. Tan solo de un vistazo nos puede enamorar una persona o nos puede producir rechazo. Una cara sonriente agrada, una cara enfadada distancia. De ahí la necesidad de causar una muy buena impresión y a la primera. La primera toma de contacto con alguien deja una huella para siempre. Tanto es así que si en ese primer encuentro no dejas una buena imagen es muy probable que no tengas una segunda oportunidad.

Cuando hablamos de proyectar una buena imagen no es obligado vestir en todo momento de manera formal o con maquillaje ostentoso. Dar una buena imagen política es cuestión de dar una impresión de persona limpia y sencilla, dar una sensación de naturalidad. Aquí no valen las excusas de que la gente opina o fiscaliza sin reparos. Es responsabilidad nuestra, como representantes políticos, preocuparnos por estar siempre en óptimas condiciones para dar una buena imagen política, social y personal.

LA IMAGEN POLÍTICA COMO ESTRATEGIA DE COMUNICACIÓN

¿Qué queremos transmitir? Formalidad, informalidad, seriedad, cercanía, alegría, confianza, extroversión. Sea lo que sea, tenemos que saber y estudiar bien qué esperamos mostrar y qué intenciones tenemos con nuestra marca política.

Piensa que son terceras personas quienes nos definen; aquí la empatía juega un papel fundamental. Si quieres gobernar para la mayoría viste como la mayoría, habla como la mayoría, siente como la mayoría. La ropa juega un papel esencial. Es capaz de seducir, de provocar, de dar formalidad, a través de ella tratamos de resaltar nuestra figura, cumple con una función claramente estética. En 33 milésimas de segundo una persona puede hacerse una composición en su mente de una fotografía que ha recibido. En solo un tercio de segundo podemos conectar para bien o para mal. Luego, entre los siguientes treinta y sesenta segundos, somos juzgados. La primera toma de contacto con alguien deja una huella para siempre.

La primera toma de contacto con alguien deja una huella para siempre.

No dejes al azar tu forma de comunicar políticamente a través de tu imagen. Piensa quién quieres ser y a quién quieres agradar. Y no solo es la forma de aparecer presencialmente a través de elementos como la ropa o los complementos. Puedes aparecer de manera impecable y poco después, con un mal gesto o una palabra mal dicha, tirar todo por la borda. Se trata de crear un ecosistema personal de imagen política lo más equilibrado posible.

LA IMAGEN PÚBLICA

En el ámbito político se da muchas veces la circunstancia de representantes de lo público mostrando una imagen que va en una dirección y luego su forma de actuar gira a otros lugares de dudosa credibilidad. No es cuestión solo de llevar o no llevar una corbata.

El protocolo en la vida política sabe mucho de esto y cuando hablas de estos temas con profesionales del sector muchas veces asienten con angustia y tristeza. Piensan que se ha dejado un poco de lado el saber estar, el sentido común de la presencia personal, el compartir espacio desde diferentes formas de proyectar una imagen pública. Nuestra imagen es única e irrepetible, nunca puede verse detrás de un disfraz. Cuántas veces no se oye eso de: «Qué mal le queda esa chaqueta o ese vestido…». La comunicación política está en constante guerra con querer aparentar lo que no se es. Al contrario, se trata de quitar aquello que es superficial, irreal y que a primera vista es artificial.

Chaquetas de pana, camisas ajustadas, pantalones por el tobillo, la música utilizada en comunicación política y asociada a un eslogan son algunos de los elementos que han marcado una identidad a muchos políticos de antes. También a los de ahora. En la marca política personal, el que puedan identificarte con un estilo de ropa, un color predominante o un complemento destacado es importante para ser recordado y relacionado con una propuesta política. Un atuendo casual o desenfadado puede dar imagen de modernidad. De ahí a la importancia del estilo, siempre que se tenga una voluntad sobre ello y se adapte a la situación, al contexto donde se esté presente.

Mantener y cuidar la imagen es tarea diaria, exige cuidados y mucha precaución. Ningún político está exento de ver como la visita al supermercado del barrio se puede convertir en un meme en las redes sociales. Una buena imagen tarda años en construirse, pero un segundo en arruinarse. ¿Quieres ser gobernante? Actúa como tal, incluso cuando no tengas a nadie al lado. Solo así garantizarás que estarás preparado o preparada para cualquier ocasión.

Proyectamos una imagen que va desde lo físico hasta lo impersonal. Es una imagen política que se va viendo rodeada de atuendos, complementos y otros elementos que pueden enriquecer a la persona. Por lo tanto, intenta hacer uso de ellos desde la comodidad. Si estás cómodo ese estado se percibirá fácilmente por las audiencias.

> **Ningún político está exento de ver como la visita al supermercado del barrio se puede convertir en un meme en las redes sociales.**

LA MANERA DE VESTIR

Las prendas que en la antigüedad solo servían para cubrirnos poco a poco y de manera progresiva se convirtieron en elementos de diferenciación social y con sentido de pertenencia a una determinada comunidad. Vestir determinadas ropas es símbolo de estatus social o también puede indicarnos que tal persona pertenece a una cultura, lugar o etnia diferente.

La vestimenta cobra una especial relevancia en el caso de los políticos y políticas. Tal es así que algunas personas cuentan con estilistas o asesores para mejorar su imagen pública. Estos profesionales de la imagen física y personal indican qué deben ponerse en cada momento, lo más apropiado dadas las circunstancias y, lo más importante, qué es lo que queremos comunicar con nuestra manera de vestir.

Los políticos en sus apariciones públicas utilizan trajes de chaqueta y luego usan trajes más de *sport* o más informales para dar una imagen más cercana y familiar. Utilizan la vestimenta o forma de vestir no para expresar su personalidad, sino para proyectar esa imagen que su público objetivo y su electorado esperan percibir. Somos aquello que comunicamos.

LA GESTIÓN DE IMAGEN DE MARCA EN POLÍTICA

Para poner en valor esa ansiada imagen política tiene que haber un equilibrio y una coherencia evidente en nuestro mensaje y argumentario político. Para ello se hace uso de diferentes canales de información: la indumentaria y nuestra forma de vestir, con sus formas y colores; la comunicación no verbal y el poder de los gestos; el físico que se tiene y se muestra a la sociedad, nuestra imagen corporal; o la comunicación paraverbal, con la entonación, los silencios, la modulación y otros apartados de la voz.

¿Qué es la marca política personal? Aquello que dicen de nosotros cuando no nos encontramos presentes. Construir una imagen personal en política que sea aceptada y recordada durante el tiempo por la sociedad es una cuestión de constancia. Más allá de un color o un sombrero, se trata de que no causemos rechazo o indiferencia. Una buena imagen es aquella que está siempre acorde a la compañía y al momento.

LOS 12 ARQUETIPOS PARA LA MARCA POLÍTICA

«El encuentro de dos personas es como el contacto
de dos sustancias químicas: si hay alguna reacción,
ambas se transforman».

CARL GUSTAV JUNG

La mayoría de los productos de consumo en el mundo comercial están directamente relacionados con alguno de los 12 arquetipos universales que Carl Gustav Jung creara ya hace mucho tiempo. Este suizo fue un destacado psicoanalista y psicólogo discípulo de Sigmund Freud, padre del psicoanálisis y una de las figuras intelectuales y relevantes del siglo XX. Para Jung somos lo que hacemos y no lo que decimos que vamos a hacer. Durante años estudió profundamente el comportamiento humano ahondando en el concepto de inconsciente colectivo, identificando patrones de conducta universales que se encuentran entre nosotros y que nos identifican como miembros de algunos de ellos. El inconsciente colectivo podemos definirlo como el conjunto de elementos interpersonales que comparten un conjunto de individuos, como la cultura, la religión, las relaciones con otras personas, etc. Jung consideraba que existen una serie de arquetipos, símbolos o imágenes en la mente de las personas que representan rasgos fundamentales de la personalidad. La mayoría tenemos una personalidad cercana no solo a uno de ellos, sino a varios de estos arquetipos, aunque uno de ellos suele ser el que predomina ante el resto.

Construir una personalidad de marca política bien puede tener en cuenta alguno de los arquetipos que Carl Jung identificó dentro de cuatro ejes con carácter segmentado: Orden o control, Orientación al propio individuo, Generación de cambio, Orientación a las personas.

Los personajes que dan forma a cada uno de los arquetipos cuentan con una serie de características, valores y motivaciones únicas que son claramente identificables y aplicables a una de las herramientas más potentes en la comunicación y el marketing político: La Storytelling.

Estos personajes representan a cada uno de los arquetipos de personalidad y son utilizados en la actualidad como referentes y guías para trabajar el sentido de pertenencia de los seguidores y audiencias, de los clientes políticos.

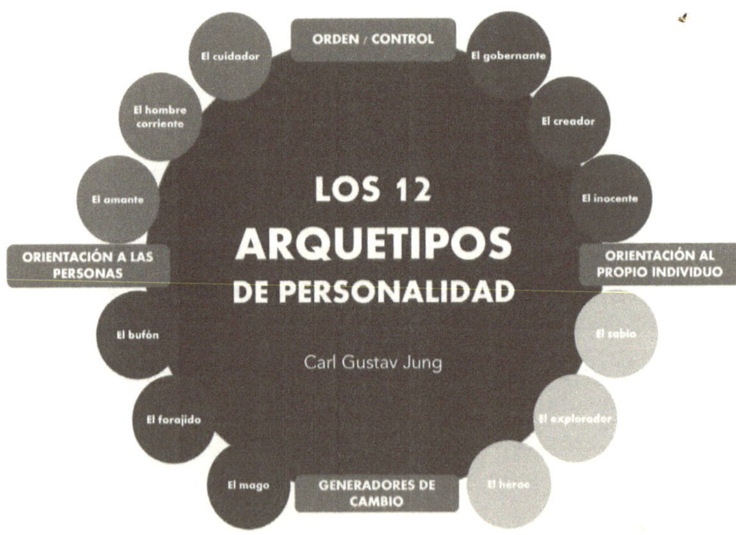

Los 12 Arquetipos de Personalidad son: El Gobernante, El Creador, El Inocente, El Sabio, El Explorador, El Héroe, El Mago, El Forajido, El Bufón, El Amante, El Hombre Corriente, El Cuidador. Pero ¿Por qué tu marca política personal necesita adoptar un Arquetipo de Personalidad? Básicamente para ser identificable, para ser diferente de tus competidores y, sobre todo, para conectar a través de las emociones con los electores. Los arquetipos de personalidad pueden ayudarte a definir que valores y apartados destacados de tu marca quieres que sean asociados a los diferentes personajes. Construir la imagen de un candidato político con base en estos elementos nos ayuda a conectar mejor en el mercado electoral y con los electores. En la teoría de los arquetipos Junguianos, cada uno de ellos identifica una serie de apartados como son:

1. El Lema
2. El Objetivo
3. Su Mayor Temor
4. Estrategia y Mensaje
5. La Debilidad
6. El Talento

Estos electores ante la figura de un gobernante premian cosas muy simples, son a la vez muy y poco exigentes, los quieren cercanos, normales y sin grandes extravagancias. Valoran a su vez la buena presencia y su facilidad de comunicación en los medios. A cambio también los quieren con buena capacidad de gestión, fuertes y con buena respuesta ante situaciones de crisis.

El electorado casi nunca está conforme, ahora me viene a la mente aquella frase de un buen amigo y excelente psicólogo político Daniel Eskibel «no me des lo que te pido porque no era eso» Atender a estos arquetipos de base cultural puede ayudarnos a encuadrar mejor el personaje político en uno de ellos, en el arquetipo que mejor represente los valores del candidato o líder.

LOS 12 ARQUETIPOS DE PERSONALIDAD DE CARL GUSTAV JUNG

Existen muchos arquetipos en la política actual y podemos reconocerlos en campañas políticas y electorales.

EL INOCENTE

Vive por y para la búsqueda de la felicidad, personaje soñador, con altos grados de optimismo y que evita constantemente las complicaciones de la vida diaria. Sus mensajes hacen alusión la infancia, a la nostalgia, al positivismo, a la amistad. Inspiran confianza y fiabilidad.

EL HÉROE

El arquetipo de la valentía, de la marca que quiere transmitir autoconfianza en si misma. Personaje que supera retos difíciles y que quiere mostrar sus capacidades al resto de la sociedad. Son marcas relacionadas directamente con el honor y con el espíritu de superación, marcas ganadoras donde el esfuerzo tarde o temprano tiene su recompensa.

EL HOMBRE CORRIENTE

Personaje en el que todos confían y que destaca por su modestia. El arquetipo de la sencillez, la sinceridad y que quiere formar parte del día a día de la ciudadanía. Marcas realistas y fáciles de entender con su mensaje, siempre amables y que colaboran con la sociedad.

EL PROTECTOR

El arquetipo que destaca por sus valores de protección a los suyos, su objetivo principal es cuidar a sus seguidores, ofrecen generosidad. Son personajes que representan continua vigilancia y atención por lo que está ocurriendo a su alrededor, por si deben de actuar ante los asuntos cotidianos. Su mayor temor es el peligro y quieren transmitir seguridad, compasión y cercanía. Donald Trump y Jair Bolsonaro pueden verse reflejados en el personaje del Protector.

EL CREADOR

El Personaje más imaginativo y que vive buscando siempre cosas nuevas, Quieren ser marcas que actúen como una herramienta para que sus audiencias puedan expresar a su vez su creatividad. Siempre van un paso por delante y que se anticipan a las demandas del mercado. La innovación es una de sus principales características y nos ayudan a sacar lo mejor de nosotros mismos.

EL EXPLORADOR

Personaje que necesita ante todo libertad, descubrir nuevos sitios y que siente animadversión extrema a estar encerrado o bajo normas previamente establecidas. Las marcas políticas que se identifican con este arquetipo quieren transmitir nuevas y apasionantes experiencias a sus seguidores y posibles votantes, son personajes con descaro, ambiciosas e inconformistas. Pablo Iglesias, actual vicepresidente del gobierno de España adopta algunos de los atributos Forajido.

EL FORAJIDO

El arquetipo más independiente y radical, actúa como alternativa al resto de personajes. No acepta ni quiere ayuda de nadie y sigue sus propias reglas. Quieren sacar el lado rebelde de sus seguidores y que formen parte de la tribu. Llegan a mostrar un alto grado de extravagancia y tienen miedo a la mediocridad. Nicolás Maduro, actual presidente de Venezuela y su antecesor Hugo Chávez han participado de algunas de las características que se asociación a este arquetipo.

EL AMANTE

Buscan de manera predominante el placer. Son personajes que valoran mucho la estética y quieren ser deseados por las audiencias. Son personajes muy seductores y que actúan siempre con pasión. Anteponen el aspecto físico y transmiten elegancia y sensualidad.

EL MAGO

Son marcas capaces de transformar lo que les rodea, son visionarias y siempre quieren crear cosas nuevas y especiales. Son personajes inspiradores del cambio, creen firmemente en que todo es posible. Transmiten mucha seguridad en uno mismo y tienen mucho carisma.

EL GOBERNANTE

Personajes que claramente transmiten la sensación de poder y control. Marcas que dejan los sentimientos a un lado y se guían por la objetividad, el rigor y fomentan el orden. Es el arquetipo enemigo del caos y quiere marcar las normas del mercado. Su mayor temor es perder la posición de liderazgo. Proyectan prestigio, exclusividad y excelencia. Figuras como Ángela Merkel y Margaret Thatcher, con personalidades claramente marcadas, han sido asociadas al perfil del Gobernante.

EL BUFÓN

Este arquetipo es sinónimo de buen humor y en continua búsqueda del entretenimiento. Vive el hoy y no piensa en el mañana, quiere divertirse ante todo y no piensa en las repercusiones de sus actos. Los personajes asociados a este arquetipo transmiten descaro, diversión y alegría.

EL SABIO

Es el arquetipo que destaca por sus altos índices de credibilidad, intelectualidad, que anteponen la verdad por encima de otras cosas. Personajes que ofrecen y comparten su conocimiento y se encuentran siempre en continuo aprendizaje. Marcas que inspiran sabiduría, maestría y asociadas a la innovación tecnológica. Pepe Mujica, el expresidente de Uruguay es un buen ejemplo asociado al arquetipo del Sabio.

En la política actual tan llena de personalidades, siglas, marcas personales, se hace imprescindible para destacar, adoptar alguno de los arquetipos descritos. No necesariamente tiene que seleccionarse solo uno de ellos, pueden combinarse y adoptar cualidades y características de varios. Cuanto más identificado y centrado sea asociado el arquetipo con la marca política, más posibilidades de empatizar con las audiencias tendrá a medio y largo plazo. Pregúntate que sensaciones y emociones quieres transmitir, en que contexto se encuentra tu marca política expuesta ante la ciudadanía, estudia si alguno de tus competidores tiene asociado algún arquetipo. A partir de aquí, ¿cuál es tu arquetipo de marca política?

LA PRESENCIA DE MARCA EN ENCUENTROS CIUDADANOS

Las 12 claves para hacer reuniones de ámbito político efectivas

Diferentes estudios han demostrado que muchas de las reuniones que tenemos hoy en día son menos productivas y eficaces de lo que deberían.

Cuantas veces entras a una reunión que se alarga durante horas y, cuando sales, no solo has dejado de hacer un montón de tareas que tenías pendientes, sino que, además, no has sacado ninguna conclusión de todo lo que se acaba de hablar con un colectivo. Seguro que lo has experimentado en más de una ocasión. Resultado, toda la gente sale con la impresión de haber perdido el tiempo.

Está guía pretende a través de una serie de tips o consejos ayudarte a mejorar y comunicarte de manera más exitosa en este tipo de encuentros, estos son las 12 claves para hacer reuniones de ámbito político efectivas:

1. Presentación: Preséntate tu y todos los que te acompañan. Piensa que es muy probable que no te conozcan ni a ti, ni a tus compañeros. Se breve aquí, en un párrafo, en el primer minuto di quién eres, que haces y que puedes aportar a quiénes te escuchan.

Saluda uno a uno y a todos los participantes, menciona su nombre en el saludo inicial.

2. Organización: Diseña un planning de la reunión y comunícalo. Elabora un plan con los diferentes puntos y cuáles son los objetivos del encuentro, de cómo irá la reunión y envíasela con anterioridad a todos los participantes de esta: lugar donde se va a celebrar, la duración, los participantes. Asimismo, comunica los objetivos de la reunión de forma clara y concisa y los temas que se tratarán.

3. Convocatoria: Convoca solo a las personas necesarias. Para una reunión realmente eficaz y con una lista de tareas concretas a realizar, convoca a las personas directamente implicadas. Recuerda que la gente compra gente, si no participas es mejor no asistir.

El factor del éxito de una reunión está determinado por la calidad de la planificación previa y la capacidad de comunicación de los interlocutores. El número máximo de personas que deberían participar en una reunión no está establecido de manera exacta en ningún manual, no se trata de cuántas personas deberían asistir, sino de quiénes y por qué. Si se trata simplemente de estar informado de la reunión, el documento o sumario que la resume es más que suficiente.

Piensa que a veces acudimos a estos encuentros en calidad de gobierno o desde la oposición al mismo, la organización puede ser la misma para ambos casos, pero sí que la oferta que podamos hacer puede ser diferente.

4. Viabilidad: Valora el interés de la reunión. ¿es realmente necesaria? Lo que tienes que comunicar o aportar en ese encuentro, ¿podría comunicarse o resolverse por otro medio más rápido y que no implique a varias personas dejando sus tareas durante una hora?

Además, ahora estamos en tiempos de pandemia, evita reuniones innecesarias. Muchísimas reuniones podrían evitarse ya que se convocan sin un objetivo claros.

5. Tiempo: Es habitual que las reuniones superen el plazo de tiempo que se había establecido con anterioridad. Lo ideal sería que una reunión no excediera 1 hora.

Entre los 30 y los 60 minutos es el tiempo que podemos conservar un alto nivel de concentración y de implicación, a partir de ahí y sobre todo al ir finalizando el día, se pierde mucha capacidad de atención y de asumir contenidos. Si has previsto una reunión de 30 minutos, respeta los tiempos. Si prevés que pueda durar más de 1 hora, ten en cuenta hacer una pequeña pausa.

6. Guion: ¿Cuál es el orden a seguir en la reunión? Llevar una lista de temas previamente informados da seguridad, formalidad y seriedad ante quienes nos ofrecen su tiempo. También ayuda a que esa lista de puntos a tratar pueda servirnos de guía para cumplimentar y anotar inquietudes o necesidades que puedan ir tratándose o sucediendo. Puedes utilizar un soporte en formato papel o en formato digital, Tablet, Smartphone o similar.

Se breve, todo aquello que puedas decir en tres palabras mejor que decirlo en dieciocho.

7. Imagen: Esta guía está enfocada a encuentros de representación política, es decir para cargos públicos o integrantes de marcas políticas. Es por lo que debemos cuidar al máximo nuestra impronta, nuestra forma en que nos expresamos, nos vestimos. En muchos casos representamos a miles de personas que en su momento nos dieron su confianza en las urnas.

   ¿Cómo me debo de vestir? Analiza y piensa en el contexto donde se va a formalizar el encuentro. Viste de manera que te sientas cómodo o cómoda, pero de tal forma en que te gustaría que te recordaran una vez no estés presente, o lo que es lo mismo, utiliza prendas que transmitan quien eres incluso cuando ya no estés en la reunión.

   Intenta no combinar más de tres colores entre tu ropa, si tienes que sobre pasar este número que sea con los complementos. Se respetuoso en este apartado, piensa que muchas veces vas de invitado o invitada a estas convocatorias y la imagen y el aseo personal dicen mucho de ti.

8. Iniciativa: Si te reúnes, aporta. La gente espera a gente que le aporte soluciones, les transmita confianza y credibilidad. Lo esperan, lo imaginan y sobre todo lo valoran. Por eso es muy importante llevar tus temas preparados y con conocimiento sobre las temáticas a tratar. Es preferible no asistir que dar la sensación de indiferencia o no saber.

A cambio si tienes que discrepar, hazlo con respeto. Es importante cuidar el lenguaje no verbal, lo dice todo de ti.

Si no se está en absoluto de acuerdo con lo que está diciendo la otra persona que habla, es comprensible que en algún momento puedas mover la cabeza en señal de disgusto o entornar los ojos o fruncir los labios.

9. Escucha: Pon todos tus sentidos en lo que comunica la otra parte. Uno de los grandes problemas y malentendidos provienen de no prestar atención durante la reunión. Repite aquello que te han indicado como importante, da muestra de que has mostrado interés en lo que te han dicho o te han mostrado.

10. Respeto: Cuando participas de una reunión, formación, o cualquier otro tipo de encuentros, aparta el móvil. Si hablas dirige tu mirada a quien te está escuchando y viceversa. Una propuesta puede ser maravillosa, si no se comunica de verdad, no tendrá valor alguno.

    Se puntual, decía Wes Fessler «Es difícil mostrarte confiable cuando la gente tiene que esperarte.»

11. Seguimiento y Control: Es imprescindible hacer un seguimiento y dar respuesta a las inquietudes de los colectivos o asociaciones, es fundamental. Has tenido un encuentro, has anotado diferentes tareas, apartados o peticiones, ahora toca dar respuesta.

    No siempre serán las esperadas, pero son respuestas y a la ciudadanía le encanta verse correspondida.

Envía cuanto antes un sumario de la reunión a todos los asistentes.

12. Finalización: Deja siempre un tiempo al final para que los participantes puedan hacer sus comentarios, sugerencias y otras aportaciones.

Tienes que sintetizar lo comentado y argumentado durante la reunión, resume y repite aquello más relevante e importante.

Por último, agradece siempre la participación de los asistentes a la convocatoria o reunión. Sería ideal enviar la siguiente convocatoria y dejar programado en la agenda el próximo encuentro si lo hubiere.

LA MARCA POLÍTICA 2.0

Hace tan solo unos años la presencia en las redes sociales estaba casi en su totalidad ocupada por los usuarios. Las marcas políticas o no estaban o pasaban desapercibidas, la comunicación política digital y el *marketing* político 2.0 eran campos por explotar. Los alcaldes, concejales y cargos públicos basaban su relación con la ciudadanía en encuentros en la calle, en actos públicos, o atendiendo en las dependencias municipales. Era la comunicación del tú a tú. Este tipo de comunicación, para bien o para mal, ponía en evidencia las virtudes y los defectos de los cargos públicos a la hora de dirigirse al vecino.

LA COHERENCIA DE MARCA DIGITAL

Las redes sociales han propiciado demasiada confusión. Detrás de un perfil de Facebook o de WhatsApp puede verse una persona y en la calle, de manera física, otra. Pocos son los políticos que equiparan su imagen real con su imagen *online*. ¿Se imaginan a un político caminando por la calle pregonando a los cuatro vientos que ha estado en la inauguración de una exposición de arte? ¿Verdad que no? Pues en las redes sociales cuando publica y se insiste en compartir ese tipo de informaciones es la sensación que da.

Es por ello que la presencia de los partidos políticos debe ser desde un punto de vista de actor activo y dinámico en estos espacios donde dialoga la gente, donde habla el posible votante, ofreciendo información valiosa sin agobiar con lo que han hecho durante el día. La gente acude a redes sociales como Facebook, Instagram o Twitter para hablar e interactuar con gente, no para hablar con los profesionales o cargos directivos de una compañía. Para eso hay otras plataformas. Por lo tanto, podemos deducir que es muy importante contar en las estrategias políticas con un plan de comunicación de marca política pensado y estructurado.

Hemos pasado de un entorno donde coexistían las marcas y usuarios de una manera más bien paralela a un lugar donde actualmente se interactúa y se funciona conjuntamente, llevan ventaja en cómo se participa dentro de estos entornos *online*. El político ha llegado tarde a una fiesta que ya estaba iniciada, tiene que adaptarse en este nuevo terreno de comunicación *online*. Los partidos políticos y los candidatos tienen una oportunidad muy valiosa para entrar y participar con la gente allí donde las personas están hablando y comunicándose entre sí, donde los usuarios hace tiempo que asumen que los partidos y quienes forman parte de ellos pueden interactuar con total normalidad. Eso sí, entendiendo bien las reglas de uso y de utilización de las redes sociales.

Estar en las redes sociales no significa necesariamente comunicar en las redes sociales. Un post o un tuit publicado es un acto intencionado seguramente, pero ¿ha llegado al destinatario correcto? ¿Ha causado algún tipo de interacción con el ciudadano? Y lo que es más importante, ¿ha tenido alguna repercusión? La comunicación política en las redes sociales es un acto de responsabilidad, de constancia, incluso diría que de respeto.

La gente acude a redes sociales como Facebook, Instagram o Twitter para hablar e interactuar con gente, no para hablar con las profesiones o cargos directivos de una compañía, para eso hay otras plataformas.

En el mundo *online* las personas aceptan solicitudes de amistad con la intención de verse correspondidas con publicaciones sociales y no para aguantar día tras día cuántas veces un gobernante se sacó una foto en un acto festivo. Primero amigo, luego político.

Los gobernantes actuales, aprovechando las nuevas tendencias y sinergias que ofrecen los medios *online*, más aún a nivel local, pueden tener un grado de penetración y de impacto muy relevante, pudiendo dirigir su mensaje, su gestión y sus diferentes publicaciones a su público objetivo. A esto se le podría denominar micropolíticas para microsegmentos de población local. No olvidemos que las personas en el mundo *online* siguen a las marcas, de ahí la importancia de cuidar la marca política de los candidatos o representantes públicos con especial esmero y detalle. De esta manera se pueden ir construyendo relaciones y una mayor vinculación entre ambas partes.

Hay un sinfín de plataformas que son frecuentadas y utilizadas por diferentes tipos de público, con distintas edades, variedad de gustos y preferencias y otras particularidades. Se trata de que la comunicación y el *marketing* político hagan su trabajo de una manera ordenada, responsable y eficaz. El consumidor y usuario ha cambiado, el lugar de encuentro de la gente también; por lo tanto, el político debe adaptarse y ser capaz de dirigir de la forma más personalizada posible su mensaje y su oferta política.

COMUNICACIÓN DE MARCA POLÍTICA NO VERBAL

«Solo se recuerda lo que se siente».

David Brierly

Todos nos comunicamos de diversas maneras: a través de nuestra postura corporal, por nuestras actitudes ante diferentes momentos y actos o por nuestra forma de expresarnos al hablar. Los humanos utilizan el componente verbal para informar y el no verbal para comunicar estados de ánimo y actitudes personales frente a diferentes situaciones o eventos.

La comunicación no verbal es aquella que llega a través de los sentidos, consciente o inconscientemente. Nuestro cuerpo habla más de lo que nos imaginamos sobre nuestras intenciones, sentimientos y personalidad. Incluso cuando estamos en silencio comunicamos. Los gestos no pueden leerse aisladamente, influye el contexto y situación en la que estamos. Rascarnos la cabeza puede comunicar que pensamos o simplemente que nos pica una parte de ella. Las expresiones faciales, nuestra imagen y la apariencia física hablan por todos nosotros. ¿Sabías que cuando las palabras y el lenguaje del cuerpo entran en conflicto las mujeres ignoran las palabras? El 93 por ciento de nuestra comunicación es no verbal; solo el 7 por ciento hace referencia a lo que comunicamos, al mensaje. ¿Te has preguntado por qué no nos gusta tanto subir al ascensor de un edificio acompañados por personas desconocidas?

EL PODER DEL COLOR

En tu partido, con los compañeros de formación política, en internet, en la calle… En cualquier lugar donde tú estés presente eres imagen.

¿Te imaginas una buena imagen de marca política, pero sin colores? Ser congruente con tu marca, contigo mismo y de cara a la opinión pública es muy importante. También lo es la adecuada selección de colores para una imagen acorde a aquello que quieres proyectar. Los colores en el *packing* de los productos deciden si se compran o no. Se invierten millones de euros para tener un buen embalaje que destaque frente al de mis competidores y que sea aceptado por el comprador. Se lleva haciendo cientos de años.

Hace casi 35.000 años que nos expresamos mediante colores. Nuestros antepasados decoraban sus cuevas con pinturas rupestres donde ya el color hacía acto de presencia, se maquillaban con tonos diferentes para ceremonias, actos de guerra o como símbolo de pertenencia a una tribu. Se usaban pocos colores, como los rojizos, ocres o negros, porque no se tenía acceso a toda la gama cromática de la que disponemos hoy a través de la tecnología, la propia naturaleza u otras fuentes de suministro.

EL COLOR EN EL MENSAJE POLÍTICO

Aristóteles afirmó que los colores resultan de la mezcla de tan solo cuatro de ellos. Se refería a los colores de la tierra, el fuego, el cielo y el agua, los elementos de la Antigüedad. Luego Leonardo da Vinci definiría al color como algo propio de la materia, donde el blanco ocupaba el lugar principal y luego vendrían el amarillo, el azul, el rojo y finalmente el negro, representando a la oscuridad. Se empezaba a hablar por primera vez de dos tipos de colores: los primarios (amarillo, rojo y azul) y los secundarios (verde, morado, rosado, café, blanco y naranja).

Pero quien en realidad fundamentó claramente el mundo del color fue Isaac Newton, el físico alemán, al descubrir en 1665 que la luz del sol, al pasar a través de un prisma, se dividía en varios colores: los colores del espectro cromático. Sus numerosos experimentos con prismas demostraban que la luz al pasar por estos se dividía a su vez en colores individuales. Newton fue el primer hombre en demostrar que los colores existen dentro de la luz blanca y que al pasarla por el prisma creaba el espectro cromático.

Más allá de los filósofos, la ciencia y los grandes descubrimientos, lo cierto es que en nuestra imagen personal los colores que usamos son muy relevantes a la hora de lanzar un mensaje, transformar la percepción de un producto político y como herramienta de ayuda para alcanzar nuestros objetivos.

Hace casi treinta y cinco mil años que nos expresamos mediante colores.

Para conseguir dichos objetivos políticos, a la hora de la selección de colores en tu vestimenta, en los detalles, en los carteles o diseños publicitarios, en cualquier elemento de comunicación visual, debes pensar cuál de ellos es el más apropiado. ¿Te imaginas una campaña en pro de la educación infantil donde el negro sea el color protagonista? Seguramente no.

COLORES Y COMUNICACIÓN

Los colores forman parte de la comunicación no verbal, esa comunicación que representa más del 55 por ciento de lo que intentamos transmitir. Es cuestión de alinear qué quieres decir, cómo lo quieres decir, en qué medio, a quién y con qué color lo envolverías. Para que puedas entender la importancia del color en tu construcción de marca política personal, te recomiendo analizar qué representa cada uno de ellos en la mente de tu cliente político. Los colores equivalen a cerca del 85 por ciento de la razón por la que una persona elige un producto sobre otro. Veamos qué representan cada uno de ellos:

AZUL. Se asocia con control, autoconfianza, modernidad, positivismo, ambición, determinación, armonía, progreso, libertad, frío, salud, seguridad. Las celebridades y figuras del espectáculo están muy identificadas con este color. En su tonalidad «marino» llega a asociarse con la lealtad, la sinceridad, la paz, el éxito. Es el color masculino por excelencia y el que más se asocia a los partidos conservadores, a la derecha.

ROJO. El color de la emoción, la energía, lo juvenil, el calor, la potencia, el deseo, el liderazgo, la rebeldía, el sexo, la pasión, el dinamismo, la aventura. Es un color también muy utilizado en figuras políticas como símbolo de gran formalidad. En tonalidades más oscuras como el rojo vino también llega a representar clasicismo, conocimiento, poder. El rojo en política está muy de la mano de los partidos progresistas, de la izquierda.

MORADO. El representante de lo no convencional, la distinción, la fantasía, la nostalgia, el romanticismo, la afectividad, la empatía, el lujo, lo estimulante. Muy asociado a la política y a la realeza en frecuentes apariciones. Es el color de las reivindicaciones feministas. Con motivo del Día Internacional para la Eliminación de la Violencia contra la Mujer, España lució el color morado en cada una de las manifestaciones y en diferentes edificios, monumentos y elementos de carácter personal como pulseras, banderas y otros. Hillary Clinton tras haber perdido las elecciones presidenciales de los Estados Unidos en el año 2016 compareció con un traje oscuro de solapa morada y blusa con la misma tonalidad. Clinton estaba mostrando que era momento de unir a republicanos y demócratas haciendo uso de sus dos colores prioritarios, el rojo y el azul. La mezcla de estos podía representar dicha unión. En Occidente es un color muy asociado a la religión católica.

ROSA. Asociado siempre a conceptos como el compromiso, el respeto, lo femenino, la incondicionalidad. Además, hace gala de representar lo divertido, lo frágil y tímido al mismo tiempo. Es el máximo exponente de la sensibilidad. ¿Cuántas veces has visto ese lazo rosa como muestra de empatía con alguna causa social?

VERDE. El representante de la naturaleza, el equilibrio, el crecimiento, la prosperidad, la estabilidad. También hace gala de llevar la bandera de lo ético, lo sereno, la calma, un nuevo comienzo, y cuenta con ciertos tintes de generosidad.

NARANJA. Un color sinónimo de tranquilidad y serenidad, del centro, del entusiasmo, de la creatividad, del éxito, de la vitalidad, de la amabilidad, de la innovación. Otros atributos como la diversión también se asocian al color naranja, así como la felicidad, la accesibilidad y el optimismo. El color del cambio y de la complicidad.

AMARILLO. Si un color llama la atención, sin duda es el amarillo. Representa la alegría y la claridad, aun siendo un color que fatiga la vista. Este color se asocia a la sensación de hambre, a la amabilidad. Significa inteligencia y buen humor. Un color que se asocia a gran parte de los partidos políticos europeos liberal-demócratas, también a las diferentes formaciones independentistas. Un color también usado como muestra de reivindicación, como en el caso de los chalecos amarillos en Francia hace tan solo unos años.

BLANCO. Como ya sabes, el blanco es un color acromático y se contrapone al negro. Es un color que causa un impacto en la mente humana impresionante. Permite mucho juego a los demás colores combinados con él. Representa la pureza, la limpieza, lo ingenuo, la paz. Aunque cada vez más las novias escogen gran variedad de colores, hasta hace solo unos años el blanco predominaba en los momentos de ceremonia. Este color es la muestra de la elegancia, la protección y el confort.

NEGRO. Aunque solemos vincular este color con lo aterrador, la noche, lo maligno, la mentira, la crueldad, el luto y la muerte, también es cierto que es uno de los colores que mejor se asocian con los demás. Es un exponente de la elegancia, la seriedad, el misterio, la dominancia, lo absoluto, la fuerza. Genera seguridad, distinción, sobriedad, formalidad y exclusividad.

En cualquier caso, habrás apreciado el uso de la palabra «representa» en gran cantidad de ocasiones haciendo referencia a los colores. Y es que el significado del color asociado a una marca o mensaje no es del todo absoluto. El color muestra un atributo o una sensación en la mente de quien lo recibe, pero depende mucho de otros condicionantes como puedan ser el momento, el lugar o la combinación de varias tonalidades. No hay una respuesta universal para cada una de las emociones que se perciben con los colores.

En la política actual las marcas han ido asociándose de manera casi natural a cada color. El azul del partido conservador y el rojo del socialdemócrata son vistos en muchos países de Europa, por lo que llega a ser normal que el Partido Socialista Europeo sea rojo y el Partido Popular Europeo sea de color azul. En Estados Unidos ocurre lo contrario. Allí, curiosamente, los conservadores y republicanos se identifican más con el color rojo. En cambio, los demócratas se han decantado más por el color azul.

EL PODER DE LA ESCRITURA

Cuánto daño han hecho las nuevas tecnologías a la escritura, a la ortografía, a la capacidad de lectura de las personas.

En la comunicación política se ha llegado a confundir el «menos es más» con el «así mismo queda bien», un error imperdonable. No todos tenemos la capacidad de redactar frases o contenidos de manera correcta, con fluidez y sin faltas de ortografía, soy consciente de ello. De hecho, este libro ha pasado por una corrección profesional porque escribir conlleva tener en cuenta muchos apartados de la gramática, el contexto, los signos de puntuación y mucho más que entiendo que deben revisarse y tenerse en cuenta a la hora de expresar tu idea, tu mensaje.

Muchas veces no entendemos la importancia de escribir con sentido, con buena ortografía, con frases que se puedan entender y cuyo contenido no sea motivo de tergiversación por parte del lector.

Estudiosos de la lengua y las personas que se dedican y ponen su empeño en estudiarla nos dicen que podemos encontrarnos varios tipos: la gramática prescriptiva y la gramática descriptiva, la funcional, la tradicional, la sincrónica, la histórica, la teórica y alguna que otra más. Se supone que deberíamos escribir de la misma forma que escribe quien nos lee, pero claro, hoy en día hay tantas variantes de una palabra que eso nos llevaría a multiplicar las lenguas y su forma de ser interpretadas por cualquier sociedad. Es cierto que la gramática ha cambiado a lo largo de la historia y los libros que hablan de ella también. De ahí la importancia de la ortografía en el mundo de la comunicación política. Los *softwares* de autocorrección ayudan y mucho, pero no tienen sentido común. Si bien el *software* de un teléfono móvil nos puede ayudar a poner una tilde, no nos puede dar el sentido que queríamos expresar en nuestro mensaje. ¿Cuántas veces hemos leído eso de que un wasap escrito puede ser malinterpretado y no era lo que se intentaba transmitir?

Entonces ¿por qué la ortografía sigue siendo tan importante? El número de personas que siguen accediendo a internet crece a un ritmo de un 7 por ciento anual, alcanzando ya más de 4.500 millones de personas en el planeta. Hazte una idea de los mensajes que pueden ir y venir por segundo. Increíble, ¿verdad?

El 85 por ciento de las personas en el mundo están conectadas en línea y envían y reciben correo electrónico a través de cientos de plataformas de *mail*. Otras prefieren comunicarse en las redes sociales. Un error de escritura en un *post*, en un diario, en un cartel o en un material que llega a ser impreso puede ser objeto de burla en muchas ocasiones, de memes y de réplicas modificadas que llegan a ser contenido viral. Sin duda alguna, escribir bien es uno de los medios de comunicación más útiles existentes. Incluso poner el emoticono apropiado cambia el sentido de una frase. El acto de escribir permite registrar ideas y crear contenidos para luego compartirlos con la ciudadanía.

EL PODER DEL LENGUAJE CORPORAL

En el *marketing* de las sensaciones, cinco son los sentidos que marcan claramente cómo perciben los clientes políticos a nuestra marca política: olfato, tacto, gusto, vista y oído. Sentidos que en condiciones normales poseen los seres humanos y podemos utilizar cuando así se desee. Pero claro, no todos tienen la misma dedicación ni implicación a la hora de prestar atención, a la hora de comprar, probar o atender a un producto político.

Científicamente se ha demostrado que los cinco sentidos nos evocan recuerdos conscientes o inconscientes, incluso algunos muy lejanos de nuestra niñez y que de manera racional, conscientemente, no somos capaces de visualizar o discernir. Con solo oler, degustar, escuchar, tocar o ver nuestra memoria es capaz de llevarnos hasta a ellos. ¿Magia? No, no es magia. Es aplicar a nuestra marca política personal elementos que puedan ser identificados con alguno de estos sentidos. La vista es la reina de los sentidos, seguida por el oído y por el resto.

EL PODER DEL LENGUAJE CORPORAL

IMPACTO SOBRE EL CEREBRO DE LA INFORMACION PROCEDENTES DE LOS SENTIDOS

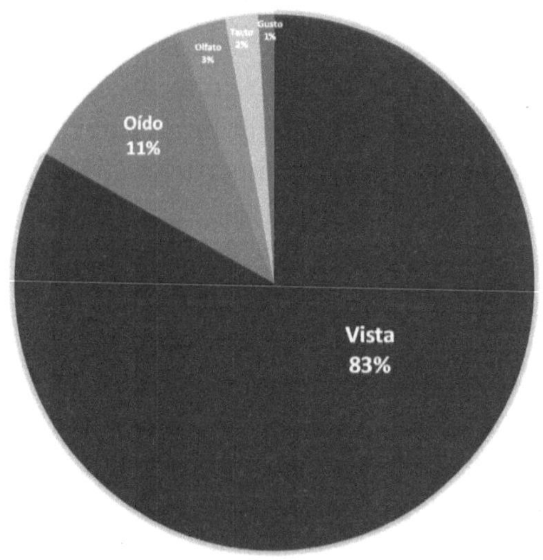

CURIOSIDADES DE LA COMUNICACIÓN NO VERBAL

- Existen más conexiones entre las manos y el cerebro que entre cualquier otra parte del cuerpo.

- Taparnos la boca al mentir nos viene desde que éramos niños. De adultos la mano sigue actuando igual, pero se desplaza un poco.

- Cuando los hombres mienten el lenguaje del cuerpo es evidente. En el caso de las mujeres, estas aparentan estar ocupadas.

- La sonrisa es contagiosa.

- Cuanto más se sonríe, más reacciones positivas tendrán los demás.

- El cerebro identifica claramente las sonrisas, incluso visualizándose al revés. Solo el 15 por ciento de nuestra risa proviene de los chistes.

- Empezamos a sonreír en el útero materno.

- Al reír a carcajadas activamos aproximadamente cuatrocientos músculos de nuestro cuerpo.

- La sonrisa cura algunas patologías y enfermedades.

- Reír ayuda a adelgazar. Reír a carcajadas durante diez minutos quema las mismas calorías que media hora de ejercicio físico.

- El cerebro reacciona mucho mejor ante una sonrisa que ante alguien serio.

- Los adultos suelen reír entre quince y cien veces al día. Los niños ríen una media de trescientas veces diarias.

- El mensaje de las pupilas nos delata.

- El blanco de los ojos de las mujeres es mayor que el de los hombres.

- La duración media de nuestros comentarios mientras conversamos es de 2,95 segundos.

- En comunicación la protección del territorio, de su espacio vital, también es importante para el ser humano.

- Ese espacio personal viene determinado culturalmente.

- Asentir con la cabeza tiene su origen en la sumisión.

- Las personas hablan tres o cuatro veces más frente a gente que asiente con la cabeza.

- Algunos estudios dicen que los hombres dicen una media de entre 3.000 y 5.000 palabras al día. En cambio, las mujeres dicen una media de entre 10.000 y 15.000. ¿Son más habladoras? No, son más sociables.

Your design here
PREMIUM
High Quality

SEGUNDA PARTE

LA CONSRUCCIÓN DE MARCA POLÍTICA PERSONAL

ŒHO PASOS PARA CREAR TU MARCA POLÍTICA PERSONAL

¿Quieres mostrarle al mundo tu valía política, dejar de ser invisible y atraer a una mayor audiencia? ¿Qué es la marca política personal?

Lo primero que debemos hacer es definir el concepto de marca política personal. Partimos del concepto conocido en Estados Unidos como *personal branding*. La palabra *branding* también es utilizada en el mundo de habla hispana y en el mundo del *marketing*. Básicamente, *branding* es la creación de marca. En política debemos vernos como una marca política, lo que sería equivalente a la creación de una marca comercial.

¿Qué es mi marca política personal? Todos tenemos una marca personal, aquello que dicen de nosotros, la huella que hemos dejado en la otra persona. Nuestra experiencia y formación forman parte de ella. Hay que empezar a decir al mundo quiénes somos, en qué somos buenos, qué sabemos de ellos, en qué destacamos y que somos una buena opción política para mejorar su vida.

Cada vez valoras mucho más tu tiempo, estoy seguro. Es probable que lleves mucho tiempo dándole vueltas a tu cabeza pensando en cómo dar un giro a tu vida política. Quizás ha llegado el momento de crear y poner en valor tu marca personal, en esta ocasión tu marca política personal. Así podrás posicionarte como un referente en aquello que comunicas y en el mercado electoral.

Empezar a crear una marca política personal es un proceso sencillo. Tan solo requiere de voluntad política para hacerlo. Es convertirte en tu mejor versión, ser auténtico o auténtica en todo lo que proyectas a las audiencias. Se trata de mostrar quién eres realmente, qué haces y en qué puedes ayudarles. Crear una marca política personal que sea atractiva y recordada siempre requiere de una dosis de liderazgo. A estas alturas del libro, ¿recuerdas qué es la marca política personal? Todo aquello que dicen, recuerdan, sienten y opinan las personas de ti cuando no te encuentras presente. La marca política personal es la huella que dejas a la ciudadanía.

Estos son los ocho pasos o fases que van a ayudarte a crear tu marca política personal:

- SELECCIONAR
- BUSCAR
- INVESTIGAR
- DEFINIR
- TRANSFORMAR
- CREAR
- MOSTRAR
- MEDIR

SELECCIONAR
ELIGE TU TEMÁTICA POLÍTICA

Empieza a dominar uno varios temas de interés público. De esta manera te ganarás la confianza y mostrarás credibilidad ante el electorado. Piensa que tienes que demostrar experiencia y autoridad en esta temática. Esos temas tienen que convertirse en tu especialidad, en tus productos estrella, tienen que sacar lo mejor de ti. Selecciona y busca temáticas de las que te guste hablar, en las que te sientas cómodo y muestres pasión por lo que haces. Además, deberás escoger algo que te permita mantener un interés estable durante el tiempo. Cuestión de constancia.

Si puedes fórmate, lee libros, acude a internet y a medios de comunicación que hablen y den información sobre el tema que has seleccionado. Filtra bien lo que encuentras; no puedes hablar de algo que ha sido catalogado como un bulo o una *fake news*. También puedes acudir a encuentros o lugares donde expertos hablen sobre el tema. Aprende, aprende y aprende. Es importante que muestres solvencia y garantía sobre la temática o los programas políticos que desarrollar (economía, empleo, turismo, conocimiento del lugar, necesidades vecinales, deportes, historia y otras).

Recuerda, tu marca política personal es única e intransferible. Empieza a elegir tus tres temas en los que te convertirás en un experto o experta. Puedes seleccionar más o menos, pero la especialización lleva a concreción, a evitar aquello de: «El que mucho abarca poco aprieta». Piensa con qué colores vas a pintar tu mensaje político.

Ejercicio práctico: anota tus temáticas políticas

1. ....
....
....

2. ....
....
....

3. ....
....
....

4. ....
....
....

5. ....
....
....

BUSCAR
ENCUENTRA A TU CLIENTE POLÍTICO

Después de seleccionar aquello que vas a vender y comunicar, ya sabes y conoces mucho sobre los temas o programas políticos de los que puedes hablar o informar. Ahora te toca decidir quién puede comprar tu propuesta política, quién necesita tu ayuda. Toca encontrar a tu cliente político ideal, el público objetivo. Tienes que segmentar el mercado electoral al que vas a dirigirte. Para ello existen múltiples herramientas en las redes sociales, en internet, incluso en organismos oficiales que trabajen los capítulos de la estadística como los demográficos, entre otros. Elige un sector o nicho muy específico (por ejemplo, hombres de 30-45 años en situación de desempleo). Si centras tu temática en un grupo pequeño, más probabilidades de éxito político tendrás. Además, vas a generar más visibilidad focalizando tu marca política personal ahí y tu posicionamiento *online* y en el mundo *offline* irá en aumento.

¿Quién es tu cliente político? ¿Lo conoces? ¡Defínelo!

- Qué necesidades tiene.
- Qué le gusta.
- Cuáles son sus hábitos.
- Dónde se encuentra.
- Cuáles son sus preocupaciones.

Piensa que dedicarás mucho tiempo a estar intentando resolver sus problemas. Merece la pena conocerlos bien.

Ejercicio práctico: anota aquí tu cliente político ideal

1. ....
....
....

2. ....
....
....

3. ....
....
....

4. ....
....
....

5. ....
....
....

INVESTIGAR
ANALIZA A TU CLIENTE POLÍTICO, INVESTIGA MÁS SOBRE ÉL

¿Seleccionaste a tu cliente político ideal? Si es así, ¡genial! Sigamos entonces. Ahora te toca investigar un poco más escuchándolo, estudiando bien cuáles son sus problemas y cómo reacciona ante ellos, qué siente, con qué cosas se emociona, cuáles son sus deseos, qué sueños tiene.

A la mente de tu cliente político lo que más le preocupa es evitar el dolor, mucho más que obtener placer. Centra tu temática política y tu capacidad de trabajo en resolver esa ecuación.

Te has hecho una persona experta en la materia, has seleccionado un público objetivo, ahora cuéntale que quieres resolver sus problemas. Transmite información y haz un buen uso de los canales de comunicación para llegar hasta las audiencias. De esta forma podrás contarles que tú eres la persona adecuada para mejorar su calidad de vida y la de su entorno más cercano.

Piensa que no puedes solucionar de manera individual los problemas de la mayoría de la gente. Céntrate en pocos problemas que puedas y sepas resolver muy bien. Recuerda que te has formado e informado mucho para ello. Será tu propuesta diferenciada y te permitirá a medio plazo posicionarte como un especialista en la temática política.

Ejercicio práctico: anota las respuestas

- ¿Qué problemas tiene tu cliente político objetivo?

- ¿Cuál es su principal preocupación? ¿Qué le causa mayor dolor?

- ¿Qué resultado espera obtener para vivir mejor y con aquello que le ofreces?

- ¿Tu competencia política ofrece la misma solución que tú? ¿De qué manera?

- ¡Diferénciate!

DEFINIR
CREACIÓN DE TU PROPUESTA POLÍTICA DE VALOR

Ahora estás en las puertas de ofrecer la solución al problema que tiene tu cliente político ideal. Tienes claro aquello que te apasiona hacer, te has convertido en un experto o experta en la materia, ofreces algo nuevo, diferente y con autoridad. Ahora empiezas a vislumbrar mejor tu propuesta política.

Un político o política con seguridad y solvencia es sinónimo de credibilidad.

Crea tu marca política, busca un eslogan que te caracterice y que sea fácil de recordar, emociona con tu historia y escoge una identidad que te represente y te destaque: tus colores, tipografía, complementos o detalles que creas que te caracterizan por tu forma de ser, tu personalidad y tu carácter.

Lo que ofreces para solucionar el problema debes transmitirlo con total seguridad, sin dudas, y las personas que te ven y escuchan deben percibirlo así. Evita frases que contengan palabras como «creo», «no estoy seguro de», «pero», etc. Eres especialista, no puedes titubear. Toca vender a la mente de la gente y no a la gente. Es necesario conectar con el cerebro primitivo, el cerebro reptiliano, a través de aquellos estímulos con los que reacciona de manera más evidente.

Así lo expresa Jürgen Klaric, considerado uno de los divulgadores de habla hispana más importantes en el campo del *neuromarketing*. Con sus diferentes estudios ha abierto una nueva línea de trabajo en las agencias de *marketing* y comunicación a través de sus experimentos en el campo de la neurociencia.

Un cerebro viejo que actúa por impulsos no es capaz de razonar y atiende a otra serie de prioridades y a aquello para lo que está programado: sobrevivir, alimentarse, relacionarse. En definitiva, actuar.

ESTÍMULO 1: LO VISUAL

- El cerebro reptiliano es visual, muy visual.

- En 33 milésimas de segundo el cerebro es capaz de entender una imagen.

- Si ve algo con connotaciones de peligro, nuestro cerebro viejo reacciona de inmediato ante el peligro, incluso antes de que el cerebro nuevo pueda percibir que hay peligro.

- Es importantísimo cuidar muy bien los elementos visuales que mandamos al cerebro de nuestro cliente político.

ESTÍMULO 2: EL CONTRASTE

- El cerebro reptiliano responde muy bien a los contrastes.

- Comunicaciones donde se muestre la diferencia entre antes y después, mucho o poco, con o sin, lento o rápido, riesgoso o seguro, todo o nada permiten que el cerebro viejo pueda decidir más fácilmente.

- Sin el contraste el cerebro se confunde. Y un cliente político confundido simplemente no compra nuestra propuesta de marca política.

ESTÍMULO 3: EGOCENTRISMO

- El cerebro reptiliano es egocéntrico, le encanta el narcisismo.

- Siempre piensa en su bienestar y nada más.

- No tiene empatía ni paciencia.

- Nuestra comunicación debe hablarle de tú al cerebro de las audiencias.

No digas: «Estamos trabajando en la limpieza de…». Di: «Te limpiamos la plaza de tu calle».

ESTÍMULO 4: LO TANGIBLE

- El cerebro viejo no puede asimilar conceptos o números sofisticados.

- Se confunde con términos como solución flexible, proyecto integrador, reingeniería escalable, infraestructuras avanzadas, proyecto sostenible.

- El cerebro reptiliano adora las propuestas sencillas, fáciles de entender, concretas y amigables.

- Mensajes como «más dinero en efectivo», «menos tiempo en espera», «asistencia las veinticuatro horas», «respuestas en menos de un día», «terminamos antes del 1 de octubre», «aumentamos el presupuesto en 200.000 euros».

- Utilizar términos como «imagina que», «imagina tú que», «es como si tú», «es como tú».

ESTÍMULO 5: PRINCIPIOS Y FINALES

- La atención del cerebro viejo se centra en los primeros segundos.

- Al cerebro reptiliano le gustan los principios y los finales potentes, que estén cargados de picos de emoción.

- Incluye en tu comunicación política preguntas retóricas. Por ejemplo: «¿Qué pasaría si por un día no tuvieras el servicio de…?», «¿cómo sería tu vida sin el producto/ servicio…?».

- También para las marcas políticas personales funcionan muy bien historias de éxito y testimoniales. Por ejemplo: «Recientemente ayudamos a un vecino cuyo caso era similar al tuyo, ya que…», «y los resultados fueron…».

- Concluir con frases como «ya por último», «para terminar» o «antes de irme, permíteme decirte» hará que logres captar nuevamente la atención de la ciudadanía.

ESTÍMULO 6: LAS EMOCIONES

- El cerebro viejo responde muy bien a las emociones.

- Recordamos mucho mejor aquellos acontecimientos en los que vivimos emociones fuertes.

- Debemos encontrar cuál es el «verdadero dolor» de nuestro cliente político (¿más tiempo libre?, ¿más libertad económica?, ¿más tiempo con sus hijos y familia?) y conectar con esa emoción. Una vez identificado el dolor, sería ideal personalizar nuestra propuesta política y lograr que nuestra comunicación asegure que su dolor será minimizado al elegirnos, que obtendrá grandes ganancias (más emociones positivas).

Ejercicio práctico: cumplimenta y sustituye los textos en negrita

1. ¿A quién diriges tu producto político?
2. ¿Qué ofreces?
3. ¿Qué problema resuelve?

. . . .
. . . .
. . . .
. . . .
. . . .

. . . .
. . . .
. . . .
. . . .
. . . .

. . . .
. . . .
. . . .
. . . .
. . . .

TRANSFORMAR
CAMBIA A TU CLIENTE POLÍTICO, ¡TRANSFÓRMALO!

Tu cliente político y la ciudadanía tienen que sentir que con tus productos políticos y la resolución de sus problemas su calidad de vida ha mejorado.

Emite un mensaje político claro y conciso. La gente espera resultados tangibles (recuerda uno de los estímulos reptilianos). Tú eres la persona encargada de transformar su vida, eres su solucionador de problemas, le ayudas a eliminar y evitar el dolor que le produce no poder cumplir sus sueños. El maquillaje transforma, da color y embellece. Lo hace temporalmente y sin él sería todo muy diferente.

Hazte las siguientes preguntas:

- ¿Cuál es el PODER TRANSFORMADOR de tu marca política personal?

- ¿Qué lo hace diferente a tu competencia?

- ¿Por qué deben seleccionarte a ti como opción política?

Ejercicio práctico: cuéntalo y descríbelo

CREAR
HAZ CONTENIDOS DE VALOR

Crea contenido original, involúcrate y comparte. Puede ser un buen momento para crear tu web o blog. Participa todo lo que puedas en foros y escenarios de discusión sobre los temas que te apasionen o interesen más. Si lo tuyo no es escribir, comparte contenido interesante o relevante para tu red. Ser líder político es también ser líder de opinión.

Fomenta la interacción con tu marca política personal, haz preguntas, participa de conversaciones, sé dinámico y activo en aquellos lugares donde tu cliente político se encuentre participando, *online* y *offline*.

Después de que tu público objetivo te ha conocido y ha recibido tu propuesta de valor ha mejorado su situación en algunos ámbitos como lo económico, familiar, social o de otra índole. Ahora es él quien prescribe tu marca, te recomienda, es tu principal aliado y vendedor, es la mejor vasija donde invertir tus esfuerzos.

Ejercicio práctico: piensa en tres buenos artículos o contenidos de valor que vas a escribir y publicar. ¡Sigue apuntando!

1. ....

....

....

....

....

....

2. ....

....

....

....

....

....

3. ....

....

....

....

....

....

MOSTRAR
ENSEÑA CÓMO Y QUIÉN ERES

Tu forma de ser dice mucho de ti: si eres una persona introvertida o extrovertida, en qué destacas y qué defectos te hacen más accesible. Humaniza tu marca política personal, es un buen paso para ser coherente. Las personas compran personas.

Si no te muestras, es muy difícil que tus potenciales clientes políticos te encuentren. Las referencias y el boca-oreja funcionan, sí, pero no siempre te traen el tipo de negocio o persona con que te gustaría trabajar. Para que tu proyecto, servicio o producto pueda ser rentable y perdure en el tiempo tendrás que comenzar a mostrarte, dejar que la ciudadanía te conozca y comience a confiar en ti y en lo que ofreces. ¿Recuerdas? Tres temáticas.

La visibilidad política es muy importante para cualquier líder o candidato. Tu audiencia tendrá que decidir antes de contratarte si se siente a gusto trabajando contigo o si puedes ofrecerle esa transformación que está buscando. Una bailarina empieza agarrada a la barra antes de soltarse.

Ejercicio práctico: anota las tres cualidades que piensas que mejor te definen (sé lo más objetivo posible)

1. ....
....

2. ....
....

3. ....
....

Ejercicio práctico: pregunta a tu alrededor (amigos, compañeros...) y anota con qué tres cualidades han definido tu personalidad, qué dicen ellos de ti

1. ....
....

2. ....
....

3. ....
....

MEDIR
LO QUE NO SE MIDE NO SIRVE

Si no mides tus esfuerzos estás perdiendo tiempo. Analizar no solo permite manifestar compromiso con tu marca política personal, sino contigo mismo. Estar en continua revisión te permite controlar y determinar el éxito del plan de trabajo, pudiendo rectificar a tiempo si las cosas no estuvieran saliendo como lo has planeado. Las métricas deben tener significado; si no, quedan meramente en números. Por ejemplo, si decides invertir en anuncios de Google ADS o Facebook ADS publicitando algún contenido que hayas creado, comprueba y haz un seguimiento del porcentaje de visitas que ha recibido el anuncio o los clics que han sido ejecutados por los usuarios.

Analiza qué temáticas están teniendo más aceptación en la ciudadanía, cuántas llamadas o mensajes ha recibido la publicación. Haz encuestas de satisfacción: qué opinan, si les ha gustado tu solución política u otras. Pregúntate: ¿estoy logrando los objetivos que he establecido en mi plan de creación de marca política personal? Nunca lo sabrás si no mides.

Pregúntales a las personas que contactan contigo por teléfono o *email* dónde te encontraron, dónde te han visto, de qué te conocen y realiza un seguimiento de sus respuestas. Controla el azúcar de tu gestión política.

Ejercicio práctico: anota tres métricas o preguntas para saber si tu marca política personal está siendo conocida

1. ....
....
....

2. ....
....
....

3. ....
....
....

RESUMEN DE CONTENIDOS

Es hora de armar el puzle con todas tus anotaciones. Has recorrido ocho pasos que te van a ayudar a clarificar más y mejor tu mensaje o propuesta política.

Imagina por un momento llevar a cabo este ejercicio desde la perspectiva del equipo de trabajo. Cada uno de los integrantes es especialista en alguna temática o programa político, localiza a su público objetivo, crea un contenido de valor para el ciudadano, busca el mejor canal de comunicación y ataca al cerebro reptiliano con los seis estímulos descritos. Pones al frente las cualidades más destacadas del vendedor, las tuyas o de los componentes del equipo, y finalmente mides el alcance de tu trabajo.

La creación de marca política personal puede establecer más y menos fases o pasos, el número es lo de menos. Aquí lo importante es crear la metodología y el orden para conseguir que seas más visto, aceptado e identificado con la solución de un problema ante las audiencias.

EPÍLOGO

Es muy importante empezar a crear tu marca política personal lo antes posible. Si eres un candidato o candidata hoy en día o ya ejerces como representante público y sabes que quieres trabajar en esto que tanto te apasiona, ya deberías empezar a desarrollar tu marca política personal.

TÚ eres TÚ es solo un cúmulo de párrafos que pueden ayudar a crear una marca política personal más atractiva, más visible y única. Es ahí, en la autenticidad, donde radica la esencia de cualquier persona y, por lo tanto, un diamante en bruto que pulir. Con las páginas de este trabajo no se pretende fabricar algo que no existe, más bien sacar a relucir elementos de la personalidad un poco más ocultos o que no has podido hacer brillar hasta ahora.

Un buen vino lleva años y años de elaboración, cuidado y atención a cepas con mucha historia. Los mejores caldos son aquellos en los que el tiempo ha llevado un ritmo constante y pausado para dar su mejor color, aroma y sabor final. Una botella de vino *premium* contiene mucho más que un líquido para degustar: lleva trabajo, haber hecho frente a inclemencias del tiempo y lleva ilusión, cariño y grandes dosis de paciencia.

En unos años las marcas personales acapararán la atención ciudadana casi en su totalidad. Las grandes marcas comerciales, las empresas e incluso la política ya son conscientes de ello. De ahí la creciente preocupación por humanizar todo aquello que está tras unas siglas o un logo.

Es un buen momento para crear tu marca política personal, seguro que te ayudará también a ser mejor persona. Solo así destacarás y serás una opción diferente en el ecosistema político, en el apasionante mundo de la política.

ISAAC M. HERNÁNDEZ ÁLVAREZ (Santa Cruz de Tenerife, 1973) es consultor político, máster en Comunicación y *Marketing* Político por la Universidad de Alcalá de Henares y el centro de estudios superiores CESCOMPOL y MBA en Administración y Dirección de Empresas.

Autor de los libros *Ganadores (el político ante el reto de vencer en elecciones municipales)* y *Voy contigo (el valor del equipo profesional en la política)*, es columnista y colaborador en diferentes medios de comunicación nacionales e internacionales, ponente y conferenciante.

En la actualidad asesora a candidatos y partidos políticos. Es miembro de ACOP (Asociación de Comunicación Política) y ALICE (Asociación Latinoamericana de Investigadores en Campañas Electorales).

Como experto en *marketing* electoral y *marketing* digital, durante más de veinte años ha estado trabajando en numerosas campañas electorales, proyectos de comercialización y *branding* en la empresa privada y en la Administración pública.

DATOS DE CONTACTO

- www.isaachernandez.es
- contacto@isaachernandez.es
- @IsaacMHA
- Instagram.com/isaachernandezalvarez
- youtube.com/isaachernandezasesorpolitico
- fb.com/IsaacMHA
- linkedin.com/in/isaachernandezalvarez